신령한 사람

신령한 사람

조용기 지음

개정판 1쇄 인쇄 2018년 1월 22일
개정판 1쇄 발행 2018년 1월 31일

편 집 인 김상길
발 행 처 서울말씀사

출판등록 제2016-000172호
주   소 서울시 영등포구 은행로 55, 나동 9층
전   화 02-846-9222
팩   스 02-846-9225

본서의 저작권과 판권은 서울말씀사 소유이며
무단 전재, 복제를 금합니다.

신령한 사람

조용기 지음

서울말씀사

머리말

희랍의 철학자 소크라테스는 "너 자신을 알라."고 했습니다. 그러나 그 말을 한 소크라테스도 자기 자신을 알지 못하였습니다. 이 세상의 어떤 사람이라도 하나님 앞에 나와 예수 그리스도에게 자기를 비춰 보기 전에는 자기 자신을 알 도리가 없습니다.

오늘날 크리스천들조차도 자신을 알지 못하고 있습니다. 그 때문에 하나님께서 예수 그리스도의 놀라운 구원을 통하여 선물로 주신 그 크신 축복들을 충분히 누리지 못하고 있습니다.

하나님께서는 약 이십여 년의 세월을 통하여 제게 신령한 사람에 대하여 꾸준히 깨달음을 주셨습니다. 그 결과 제 자신을 발견하게 되고 크고 놀라운 주 예수님의 은혜를 풍성히 누리게 되었습니다.

이 작은 책이 자기를 발견하려는 이들에게 반드시 아름다운 안내서가 될 것을 확신하고 담대히 여러분에게 제시하는 바입니다.

목사 조용기

차례

머리말

1장 영으로 사는 사람　09

01. 나는 누구인가? / 02. 영의 회복 / 03. 영으로 사는 사람 /
04. 4차원의 세계 속에서 살아가기

2장 혼으로 사는 사람　49

01. 혼으로 사는 자의 절망 / 02. 혼을 구원하는 길 /
03. 혼의 재교육 / 04. 영에게 순복하는 삶 살아가기

3장 육체로 사는 사람　87

01. 인간이 가지고 있는 두 가지 지식 /
02. 감각적 지식과 계시적 지식을 따라 산 사람들 /
03. 우리의 삶 / 04. 계시적 지식을 따라 살아가기

4장 육신의 사람과 신령한 사람　123

01. 육신의 사람 / 02. 신령한 사람 /
03. 신령한 사람으로 살아가기

5장 속사람을 성장케 하는 길　155

01. 말씀을 먹어라 / 02. 말씀의 가르침을 실천하라 /
03. 말씀을 남에게 나누어 주라 / 04. 기도하라 /
05. 속사람 성장시키기

6장 성령으로 인도함을 받는 자　195

01. 성령님의 인도 / 02. 성령님의 외적 증거를 구하라 /
03. 하나님의 말씀과 비교하라 /
04. 평안의 심판관에게 물어보라 / 05. 성령의 인도함 받기

01_ 나는 누구인가?
02_ 영의 회복
03_ 영으로 사는 사람
04_ 4차원의 세계 속에서 살아가기

1장

영으로 사는 **사람**

"평강의 하나님이 친히 너희를 온전히 거룩하게 하시고
또 너희의 온 영과 혼과 몸이 우리 주 예수 그리스도께서 강림하실 때에
흠 없게 보전되기를 원하노라
너희를 부르시는 이는 미쁘시니 그가 또한 이루시리라"

살전 5:22~24

인류 역사 이래로 우리들은 가장 문명이 발달한 시대에 살고 있습니다. 그러나 그 어느 때보다도 점점 깊이 병들어 가는 인간을 바라보고 놀라지 않을 수 없습니다.

 오늘날의 인간들은 불안, 초조, 권태, 불만족, 탐욕, 무절제, 이기利己, 무정無情, 무목적無目的 등 헤아릴 수 없는 부조화에 고통을 당하고 있습니다.

 바울 선생은 그와 같은 일이 우리에게 다가올 것을 이미 성경에 예언해 놓았습니다.

"너는 이것을 알라 말세에 고통하는 때가 이르러 사람들이 자기를 사랑하며 돈을 사랑하며 자랑하며 교만하며 비방하며 부모를 거역하며 감사하지 아니하며 거룩하지 아니하며 무정하며 원통함을 풀지 아니하며 모함하며 절제하지 못하며 사나우며 선한 것을 좋아하지 아니하며 배신하며 조급하며 자만하며 쾌락을 사랑하기를 하나님 사랑하는 것보다 더하며 경건의 모양은 있으나 경건의 능력은 부인하니 이 같은 자들에게서 네가 돌아서라" 딤후 3:1~5

오늘 우리의 현실 생활과 하나님께서 성경에 예언해 놓은 것이 그대로 부합附合되고 있습니다. 그러면 우리가 어떻게 해야 병든 몸, 병든 생활에서 완전한 치료를 받고 진실하고 참된 자유를 누릴 수 있을까요? 오늘을 살아가는 우리들이 당면한 문제 중에서 가장 중요한 것은 바로 잃어버린 자기 자신입니다. 자기 자신을 잃어버린 사람들이 원자탄, 수소탄 등 대량의 살상 무기를 가지고 그것을 어떻게 사용해야 하는지도 모르고 있습니다.

나는 인간이 자기 자신을 발견하고 생활의 여러 가지 고통과 질병에서 놓여남을 받기 위해서는 영靈으로 사는 길밖에 없다는 사실을 여러분에게 말씀드리고 싶습니다.

01.
나는 누구인가?

언젠가 나는 신문지상에서 한 여자가 "나를 찾아 주십시오."라고 호소하는 기사를 읽어본 적이 있습니다. 그 여자는 충남 서천으로 놀이를 갔다가 교통사고로 기억력을 상실하고 말았습니다. 자기 이름도, 주소도, 부모가 누구인지도 전혀 몰랐습니다. 그래서 신문에다 호소했던 것입니다.

"나는 내가 누구인지를 모르겠습니다. 나의 부모와 나를 찾아 주십시오."

오늘 여러분은 과연 이 여자보다 나은 처지에 있다고 자부할 수 있습니까? 여러분은 어디에서 와서, 무엇 때문에 살며, 어디로 가는지에 대해 소상히 알고, "도대체 나는 누구인가?"라는 질문에 분명한 대답을 갖고 살고 있습니까? 오늘날 아무리 과학이 발달하였다 하더라도 "나는 누구인가?"에 대해서는 설명해 줄 수 없습니다. 그러나 성경은 이 문제에 관한 분명한 해답을 주고 있습니다.

인간 창조와 존재의 삼위일체

영靈, 혼魂, 육肉

성경에 보면 태초에 하나님께서 사람을 지으실 때, 흙으로 당신의 모양과 형상대로 짓고, 그 속에 당신의 생기를 불어넣었다고 기록하고 있습니다. 생기를 히브리어로는 '루아흐יהוה'라고 하는데 "하나님의 영을 불어넣었다."라는 뜻입니다. 하나님께서 사람을 만드시고 당신의 영을 불어넣으시니 영이 육과 부딪쳐서 생령, 즉 혼魂이 생겨났습니다. 히브리어로 혼을 '네페쉬נפש'라고 합니다. 혼은 지식을 얻고 사물을 알고 이치를 깨닫게 해줍니다. 이와 같이 하나님께서 사람을 지으셨기 때문에 사람의 근원은 하나님이십니다.

오늘날 몇몇 과학자들이 다윈의 진화론에 입각하여 단백질이 갑자기 변하여 생물이 되고, 그 생물이 점차 진화進化하여 사람이 되었다고 주장하고 있습니다. 그러나 그들은 자신들의 이론을 과학적으로 증명하지 못하고 있습니다.

그들은 단백질이 우연히 생명을 가진 세포가 되고, 이 생물이 우연한 변이變異를 거듭하여 사람이 되었다고 합니다. 그러나 돌연변이突然變異는 한 종류 안에서만 일어납니다. 돌연변이를 일으켰다고 해서 전혀 다른 종류가 될 수 없습니다. 그러므로 돌연변이를 거듭하여 사람이 되었다는 진화론의 논리는 과학적으로 증명이 되지 않습니다.

또 진화론자들은 유인원類人猿을 들어서 원숭이가

사람으로 진화되었다고 주장합니다. 그런데 지질학자들이 유인원의 뼈가 발견된 지층보다 더 오래된 지층(地層)에서 오늘날과 똑같은 사람의 뼈를 발견해 냄으로써 진화론을 내세우는 사람들을 당황하게 하고 있습니다.

이렇게 과학으로는 사람의 근원에 대해서 설명할 수 없습니다. 그러나 성경은 그에 대해 소상히 설명해 주고 있습니다. 하나님께서 흙으로 하나님의 형상과 모양대로 사람을 빚으시고 그 속에 당신의 '영'을 부어 주셨습니다. 하나님의 영이 인간 속에 들어오자 '혼'이 생겨났습니다. 그러므로 우리 인간은 영과 혼, 즉 마음을 가지고 육체 속에 살고 있습니다.

우리는 이 사실을 체험적으로도 알 수 있습니다. 우리는 오감(五感)을 통하여 물질세계와 접촉을 합니다. 이목구비를 가지고 사지백체(四肢百體), 오장육부(五臟六腑)를 가진 육체를 가지고 있음을 압니다.

그런데 우리가 육체만 가지고 있느냐 하면 그렇지 않습니다. 우리는 육체 속에 지성과 이성이 있음을 압니다. 이 지성과 이성은 육체가 아니라는 사실을 잘 알고 있습니다. 지식을 얻게 하고 사물을 깨닫고 판단하여 이해하는 이성적 마음은 '혼'입니다. 우리는 육체와 아울러 마음, 즉 혼을 가지고 있습니다.

또 우리가 가만히 생각해 보면 우리 인간에게 육체와 혼만 있는 것이 아니라 지성과 이성을 초월한 것이 있음을 발견하고 이 사실에 깜짝 놀랍니다. 인간의 상상이나 이성으로써 판단할 수 없는 것이 우리 인간 속에 있는데 그것은 바로 '영'입니다.

그러면 우리는 우리 속에 있는 영靈의 존재를 어떻게 알 수 있을까요?

지구상에서 여러 민족이 살고 있습니다만 그 중에 종교를 갖지 않은 민족은 한 민족도 없습니다. 이것은 인간 모두에게는 종교적인 그리움이 있다는 것을 말해주고 있습니다. 우리나라에서도 보면 신을 믿지 않는 무신론자라고 떠드는 사람들이 있으나 정작 제삿날이 다가오면 그들도 제사를 지냅니다. 만일 그들이 진정한 무신론자들이라면 제사를 지내지 말아야 할 것입니다. 그럼에도 불구하고 그들이 제사를 드리는 까닭은 그들의 잠재의식 속에 조상이 죽긴 했으나 그 어떤 형상으로 살아 있다는 생각을 하고 있기 때문입니다. 하나님을 그리워하고 하나님과 교제하는 종교심은 인간의 이성으로는 상상할 수 없는 요소이므로 우리는 인간 속에 영이 있음을 알 수 있습니다.

또 우리는 마음속에 갑자기 떠오르는 '직감'으로 영이 있음을 압니다. 또한 우리는 '양심'으로 말미암아 인간 속에 영이 있음을 느낍니다. 양심은 우리의 이성으로 설명되어질 수 없습니다. 인간의 생각과 이성으로 양심의 소리를 죽여 없애려고 해도 계속 양심의 소리가 들려옵니다. 이것은 육체에서 나오는 소리가 아니며 마음에서 나오는 소리도 아닙니다. 마음보다 더 깊은 곳에서 울려나오는 소리입니다. 만일 양심의 소리가 마음에서 나오는 것이라면 마음이 양심의 소리를 죽여 버릴 수 있지만 그러하지를 못합니다. 양심의 소리는 바로 영의 소리입니다.

그 다음 우리에게서는 영감靈感이 솟아납니다. 예술가들이 영감을 얻지 못하면 위대한 창조를 할 수 없습니다. 아름다운 음악, 경이를 자아내는 그림, 불후의 문학 작품, 이러한 것들은 인간의 이성으로써만 만들어지지 않습니다. 이성을 초월한 깊은 곳에서 영감이 떠오를 때 위대한 예술품을 낳을 수 있습니다. 우리는 영감에서 영이 있음을 압니다.

그리고 이성으로는 믿음이 생기지 않습니다. 믿음은 영에서 우러나오는 것입니다.

소망도 영에서 나옵니다. 수판으로 따지는 사람에게는 소망이 솟구쳐 올라올 수 없습니다. 소망은 영에서만 나올 수 있습니다.

사랑도 영에서 나옵니다. 자기를 희생하면서 남을 위하여 목숨을 버릴 수 있는 사랑은 타산적인 생각이나 이성에서 나오지 않습니다. 사랑은 영에서만 나옵니다.

이와 같이 인간은 영과 혼과 육의 삼위일체입니다. 여러분은 고깃덩어리가 아닙니다. 지식을 얻고 이해하는 이성적 마음만 있는 것도 아닙니다. 하나님과 교제하며, 직감을 가지고, 양심의 소리를 들으며 영감을 받으며 믿음, 소망, 사랑을 가지고 있는 영체입니다. 이러므로 진정한 나는 바로 영입니다. 영이 마음을 종으로 부리고, 육체 속에 들어와 살아야 참된 여러분이 됩니다. 이 순서가 뒤바뀌면 결코 자아를 발견할 수 없습니다.

죄악과 영의 죽음

그런데 오늘날 사람들은 이 순서가 뒤바뀐 채 살아가고 있습니다. 사람은 원래 영이 마음을 사용하고 몸을 다스리고 하나님과 교제하면서 조화 있게 살아가게 되어 있는데 그만 아담과 하와가 하나님을 배반하고 반역의 죄를 지음으로 말미암아 영이 죽어버리고 말았습니다. 영이 죽었다고 하여 없어진 것은 아닙니다. 없어진 것이 아니라 하나님과의 교통이 두절된 것입니다. 우리의 영이 하나님과의 교통이 끊어지고 나니 캄캄한 절벽에 부딪히게 되었습니다. 하나님께로부터 믿음과 소망과 사랑과 지혜와 지식과 분별력을 얻던 영이 하나님과의 교제가 끊어지자, 이성적이고 지식적인 혼魂의 지식과 감정에 의지하고, 오감을 통하여 물질세계와 접촉하는 육체의 도움을 받을 수밖에 없습니다. 하나님으로부터 버림을 받은 영은 어쩔 수 없이 혼의 종이 되고, 육체의 노예가 되고 말았습니다. 그리하여 육신의 감각에 의지하여 자기를 지키려 하고 이성적인 판단과 지식과 지혜에 의지하여 살아갈 수밖에 없었습니다.

오늘날 세계가 이처럼 혼란하게 된 원인은 사람의 영이 방향 감각을 잃었기 때문입니다. 그래서 어디에서 와서, 무엇 때문에 살며, 어디로 가는지 모르고 있습니다. 인간이 원자탄, 수소탄 등의 대량 살인무기를 만들어 놓고도 그것을 어떻게 사용해야 하는지를 알지 못하므로 세계는 일촉즉발觸卽發의 위기에 처해 있습니다. 과학자들의 말에 의하면 미국과 소련을 비롯한 여러 나라가 보유하고 있는 핵무기는 인류를 7번에서 20번 이상 전멸시키고도 남는다고 합니다. 그럼에도 불구하고 아직도 사람들은 살인 무기를 제작하기 위해 하루에 10억불 이상의 돈을 투자하고 있다고 합니다. 이것은 자아를 잃어버린 사람들이 자멸의 길을 향해 뛰어 들어가고 있음을 말해주고 있습니다.

그러므로 인류의 문제, 내 개인의 문제, 내 가정의 문제, 내 생활의 문제를 해결하기 위해서는 잃어버린 자기를 찾는 도리밖에 없습니다. 사람의 주인인 영이 복구되어 종인 마음을 부리고 육체를 지배하여 그 속에 들어가 살아감으로써 이 순서가 뒤바뀌지 않을 때 우리는 참 삶을 얻을 수 있습니다.

그러면 우리가 어떻게 해야 그 길을 찾을 수 있을까요?

02.
영의 회복

예수 그리스도의 대속

① 속죄 贖罪

영의 회복은 위대한 하나님의 은총입니다. 요한복음 3장 16절에 "하나님이 세상을 이처럼 사랑하사 독생자를 주셨으니 이는 그를 믿는 자마다 멸망하지 않고 영생을 얻게 하려 하심이라"고 말씀하셨습니다. 영이 죽고 난 뒤 혼과 육체의 종이 되어 처절한 절망 가운데서 파멸해 가는 인간을 더 이상 버려둘 수 없었던 하나님께서 인간의 영을 다시 살리기로 작정하셨습니다. 하나님께서 우리 인간이 저지른 죄악의 값을 대신 지불하시기로 하셨습니다. 그리하여 하나님의 아들 예수 그리스도로 하여금 마리아를 통해 육의 옷을 입고 이 세상에 오시게 하였습니다. 예수님은 33년 동안 세상에 계시면서 자신이 하나님의 아들임과 예수님을 통하여 인류를 구원하실 하나님의 뜻을 보여 주셨습니다. 그리고는 인류의 모든 죄와 불의와 추악과 반역을 한 몸에 다 걸머지고 십자가에 올라가심으로 영원한 제물이 되셨습니다.

예수 그리스도의 대속을 통하여 비로소 우리의 모든 죄가 소멸되고 하나님의 성령이 여러분과 나의 영 속에 들어오게 되었습니다. 성경에 오늘날 누구든지 예수님을 믿으면 멸망하지 않고 영생을 얻는다고 했습니다. 여러분이 예수님을 믿을 때 영생을 얻고 거듭난다는 것은 마음과 육체가 영생을 얻고 거듭나는 것을 말하는 것이 아니고 여러분의 영이 순간적으로 영생을 얻고 거듭나는 것을 말합니다. 성경은 "육으로 난 것은 육이요 영으로 난 것은 영이니"요 3:6라고 말씀하셨습니다. 그러므로 성령으로 태어나는 것은 영이고 육이 아닙니다. 지금 이 시간 여러분이 나사렛 예수를 구주로 모셨다고 하여 당장 여러분의 육체가 부활하거나 여러분의 마음이 천사의 마음이 되는 것이 아닙니다. 육체는 영의 집이고 마음은 그의 종입니다. 집이나 종이 변화되는 것이 아니라 바로 종을 부리는 집의 주인인 영이 변화되는 것입니다.

② 중생 重生

예수 그리스도의 대속으로 말미암아 여러분의 죄가 속죄함을 받고 여러분의 영 속에 하나님의 성령께서 들어오게 되었습니다. 여러분의 죄가 소멸되자마자 즉시로 중생하게 되었습니다. 여러분의 영 속에 하나님의 생명이신 영생이 들어와서 여러분은 하나님과 같은 클래스가 되었습니다. 이제 여러분은 하나님 품 안에 안길 수 있고 하나님과 대화할 수 있게 되었습니다. 이와 같은 중생에 대해 에스겔 11장 19절과 36장 26절에 각각 이렇게 예언해 놓았습니다.

"내가 그들에게 한 마음을 주고 그 속에 새 영을 주며 그 몸에서 돌 같은 마음을 제거하고 살처럼 부드러운 마음을 주어"

"또 새 영을 너희 속에 두고 새 마음을 너희에게 주되 너희 육신에서 굳은 마음을 제거하고 부드러운 마음을 줄 것이며"

하나님께서는 에스겔을 통하여 새 영을 주시고 일치된 마음을 주시어 우리의 영을 새롭게 해주시겠다는 예언의 말씀을 주셨습니다.

③ 화목 和睦

우리가 예수님을 구주로 믿으면 우리의 영이 살아나고 하나님의 생명인 영생을 얻고 우리의 영 속에 의로움이 들어오게 됩니다. 우리의 모든 죄가 다 사함을 받아서 한 번도 죄를 짓지 않은 상태로 됩니다. 이렇게 되면 하나님과 우리의 화목이 이루어집니다.

"그러므로 우리가 믿음으로 의롭다 하심을 받았으니 우리 주 예수 그리스도로 말미암아 하나님과 화평을 누리자" 롬 5:1

예수님을 믿음으로 말미암아 하나님과 우리 사이에 화평이 이루어져서 하나님을 '아바 아버지'라고 부를 수 있게 됩니다. 육체는 하나님을 향하여 '아바 아버지'라고 부를 수 없습니다. 인간의 이성적인 마음이 눈에 보이지도 않는 하나님을 '아바 아버지'라고 부르지 못합니다. 오직 우리의 영이 성령으로 말미암아 살아나야 하나님을 알게 되어 하나님을 향해 '아바 아버지'라 부르게 되는 것입니다.

④ 성령충만과 인도

뿐만 아니라 하나님의 성령이 우리 마음에 오셔서 충만해지면 우리가 하나님의 아들 된 것을 마음의 확정으로 보여 주십니다. 그리고 기도와 믿음을 통하여 하나님의 성령이 우리를 인도하기 시작하는 것입니다.

살아 있는 영

① 살아 있는 양심

예수 그리스도를 구주로 모셔서 여러분의 영이 살아나면 비상한 운동력이 일어납니다. 먼저 여러분의 영이 살아나게 되면 여러분의 양심도 살아나게 됩니다. 전에는 죄를 지을 때 양심의 소리가 들려오면 그것을 눌러 버렸습니다. 하나님과 교제가 끊어져도 우리에게 양심이 있기 때문에 양심의 소리가 들려오지만 그 소리는 힘이 없습니다. 우리의 생각이 양심의 소리를 눌러 버리면 잠잠해집니다. 그러나 하나님의 성령으로 우리의 영이 살아나면 양심의 소리도 우렁차게 들려옵니다. 그래서 영이 살아나기 전에는 죄책감을 느끼지 못했던 일에도 '그 길은 잘못된 길이다. 돌이켜서 하나님의 길로 들어서라.' 하는 양심의 소리를 듣게 되어 잘못을 알게 됩니다.

"하나님을 향한 선한 양심의 간구니라" 벧전 3:21

옛날에는 우리의 양심이 하나님을 찾아가지 않더니 우리의 영이 살아나자마자 우리의 양심이 사사건건 하나님 앞에서 우리를 심판하고 하나님을 향해서 찾아가도록 이끌어주는 역사를 체험하게 됩니다.

② 말씀 : 영의 양식

그뿐만 아닙니다. 우리의 영이 살아나면 그때로부터 배가 고픈 것을 알게 되어 영의 양식을 찾아서 먹게 됩니다. 영이 죽어 있을 때는 영의 양식을 요구하지 않았습니다. 육체의 배고픔을 해결하고 문학, 음악, 미술 같은 것으로 마음에게 양식을 주면 그만이었습니다. 그러나 영이 살아나서 활동하기 시작하면 배가 고파서 양식을 먹어야 합니다. 영의 양식은 바로 성경말씀입니다.

"육에 속한 사람은 하나님의 성령의 일들을 받지 아니하나니 이는 그것들이 그에게는 어리석게 보임이

요, 또 그는 그것들을 알 수도 없나니 그러한 일은 영적으로 분별되기 때문이라" 고전 2:14

영이 죽어 있는 사람은 성경을 마음으로 읽습니다. 마음으로 성경을 읽으면 성경에 있는 말씀이 모두 다 어리석게 보입니다. 마음은 이성적이므로 하나님의 일을 절대로 이해할 수 없기 때문입니다. 그러나 영이 살아나면 성경말씀이 믿어지고 꿀같이 달고 즐거워집니다. 그래서 영이 살아난 사람은 말씀 듣기를 사모하고 말씀 읽기를 즐거워하며 말씀을 찾습니다.

③ 내세의 소망

또 영이 살아난 사람은 영이 살아난 이후로부터 시작하여 내세의 소망이 마음속에서 자라기 시작합니다. 영이 죽어 있는 사람은 육신의 정욕과 안목의 정욕, 이 세상의 자랑을 좇아 살다가 죽으면 그것으로 마지막입니다. 그러나 영이 살아난 사람은 성령으로 말미암아 내세의 소망이 일어나서 육신의 장막 집이 무너져도 손으로 짓지 아니한 영원한 집이 있음을 확신하게 되며 소망을 가집니다.

④ 기도의 교통

영이 살아난 사람은 기도의 교통이 있게 됩니다. 전에는 그렇지를 않았는데 영이 살아나게 되면 아침에 눈을 뜨자마자 하나님께 기도하고 저녁에 잠자리에 들어가서도 하나님께 기도하고 좋은 일이 생겨도 기도요, 좋지 않은 일이 다가와도 기도하게 됩니다.

⑤ 사랑

영이 살아나면 마음속에 사랑이 넘쳐나게 됩니다. 하나님은 사랑이십니다. 그러므로 하나님의 성령으로 말미암아 영이 살아나게 되면 우리 생활 전체가 사랑으로 변화되는 역사가 일어나게 됩니다.

⑥ 하나님께 드리는 감사와 찬양의 예배

영이 살아나면 하나님께 감사와 찬양의 예배를 드리게 됩니다. 여러분들이 교회에 가서 예배드리는 것도 여러분의 영이 살아났기 때문입니다.

⑦ 하나님의 임재

영이 살아난 사람은 하나님의 임재하심을 늘 느끼게 됩니다. 아침부터 저녁까지, 아니 잠을 자면서도 하나님이 나와 함께 하신다는 것을 마음속에 느끼게 되는 것입니다.

⑧ 삶의 방향과 가치

영이 살아나면 삶의 방향과 가치관이 달라지게 됩니다. 옛날 예수님을 믿기 전에는 이 세상의 부귀영화가 최고로 생각되어 그것을 얻기 위해서 수단과 방법을 가리지 않아도 된다는 생각을 했습니다. 그렇지만 영이 살아나자마자 자신이 어디에서 와서, 무엇 때문에 살며, 어디로 가는지 방향을 알게 되고,

삶의 진실한 가치는 하나님께 영광 돌리는 데 있음을 알게 됩니다. 그래서 세상의 부귀영화에는 눈을 돌리지 않습니다. 그러므로 영이 살아나면 삶의 방향과 가치가 달라지게 됩니다.

⑨ 하나님께서 삶의 원천이 되심

영이 살아나게 되면 모든 일을 하나님께 기도하게 됩니다. 돈이 없을 때에도 기도하고, 사업이 잘 안될 때도 기도하고, 병이 들었을 때도 기도하고, 슬픔을 당했을 때도 하나님을 의지하고 기도함으로 하나님을 삶의 자원으로 삼습니다.

⑩ 창조적 삶과 기적

영이 살아난 사람에게는 창조적인 삶과 기적이 생활 속에 일어나게 됩니다. 여러분, 영이 살아나면 하나님과 같은 클래스이기 때문에 부정적으로 될 수 없습니다. 아무리 괴롭고 슬퍼도 그 마음속에 긍정적이고 적극적이고 창조적인 자세가 되어 "할 수 있거든이 무슨 말이냐, 믿는 자에게는 능치 못할 일이 없다. 할 수 있다. 믿습니다."라는 생활 태도를 가집니다.

03.
영으로 사는 사람

앞서도 말씀드린 바와 같이 여러분은 육체가 아닙니다. 육체를 집으로 삼고 있을 따름입니다. 여러분은 마음이 아닙니다. 여러분은 마음의 지성과 이성을 사용합니다. 마음은 여러분이 부리고 사용하는 종에 불과합니다. 그러므로 마음이 곧 여러분이 아닌 것입니다.

그러면 참된 여러분은 누구일까요? 영이 바로 여러분 자신입니다. 참된 여러분은 영입니다. 영이 바로 여러분의 주인입니다. 이 영이 죽음으로 주인의 자격을 잃었습니다. 주인이 없으니까 종이 날뛰었습니다. 그러나 예수님을 믿을 때 하나님의 성령으로 말미암아 영이 살아나서 주인 자격을 되찾게 됩니다. 이제는 주인인 영이 마음을 다스리고 육체의 집에서 살게 됩니다.

여러분이 이와 같이 될 때에 여러분의 문제가 해결되기 시작합니다. 새로운 세계에서 하나님의 영광이 임하기 시작하는 것입니다. 이제 새로 태어난 주인이 어떻게 살아야 할 것인가에 대해 여러분께 몇 가지 말씀드리겠습니다.

새로 태어난 주인은 먼저 하나님의 지혜요, 하나님의 지식이요, 하나님의 분별이신 하나님 말씀을 상고하여야 영으로 살 수 있습니다. 우리는 거듭나자마자 지금까지의 세계와는 다른 세계에 소속하게 되어 있습니다.

육체는 물질세계에 속하고 마음은 지성의 세계에 속합니다. 이것은 다 세상에 속하는 것입니다. 그러나 우리는 거듭나자마자 영이 살아나서 3차원의 세계를 떠나서 4차원의 세계인 영적인 세계에 속하게 됩니다. 그렇기 때문에 우리는 물질세계 속에 살면서도 물질세계 속에 속하지 아니하고 영적인 세계에 살고 있는 것입니다. 그러므로 예수님을 믿는 사람은 두 세계에 살고 있습니다.

말씀의 양식으로

영적으로 사는 사람은 하나님 말씀을 읽고 말씀을 묵상하여 하나님의 지혜와 지식과 분별력을 받고 마음을 종으로 부리고 육체를 집으로 삼고 살아야 합니다. 주인이 올바로 서면 종을 얼마든지 부릴 수 있습니다.

큰 회사를 경영하려 할 때 사장이 회사 경영에 필요한 모든 지식과 기술을 가져야 되는 것은 아닙니다. 사장은 회사 운영에 대한 전반적인 지식과 지혜와 판단력을 가지고 밑에 있는 부하 직원에게 일을 지시하면 됩니다. 사장이 기계 돌아가게 하는 기술까지 가지고 있지 않아도 됩니다. 사장은 기술을 가진 사람을 고용하기만 하면 공장이 돌아가는 것입니다.

  우리의 영도 이와 같습니다. 우리의 영은 주인입니다. 주인이 하나님의 지혜와 하나님의 지식과 하나님의 판단력을 받아서 종에게 명령하면 우리의 종인 마음은 전문적인 지식과 기술을 습득하여 주인이 시키는 일을 그대로 해냅니다. 주인이 시키는 대로 일을 하여 훌륭한 결과가 이루어진 것을 보게 되면 마음이 '야! 우리는 주인이 시키는 대로 기술만 제공했는데 아주 훌륭한 일이 이루어졌군!' 하고 말할 것입니다. 종은 주인이 시키는 대로 일만 하지만 주인은 앞으로 이루어질 일을 미리 예견하고 있습니다. 이러므로 주인이 마음을 다스려야 성공적인 삶을 살 수 있습니다. 종은 현재 지식과 현재 생각과 현재 기술밖에 모릅니다. 이러한 종이 어떻게 원대한 내일을 꿈꾸며 창조적인 삶을 살 수 있게 하겠습니까?

  오늘 예수님을 믿는 사람이 머리가 되고 꼬리가

되지 아니하며, 위에 있고 아래에 내려가지 않으며, 꾸어줄지라도 꾸지 않게 되는 데에는 까닭이 있습니다. 안 믿는 사람은 마음으로 살기 때문에 종의 지배를 받고 사는 반면 믿는 사람은 주인인 영이 살아서 말씀을 읽고 말씀을 묵상하여 하나님의 판단력을 받아서 종인 마음을 부리면서 살기 때문입니다.

이러므로 영으로 사는 사람은 항상 하나님의 말씀을 읽고 하나님의 말씀을 묵상하여 말씀에서 지혜와 지식과 총명을 얻어서 마음인 종을 부려야 할 것입니다.

나는 드골 대통령이 케네디 대통령에게 한 말을 잊을 수 없습니다. 케네디 대통령 취임식 때, 프랑스의 드골 대통령이 축하차 들러 케네디 대통령에게 이같이 말했습니다.

"케네디 대통령, 당신은 세계에서 가장 큰 권세를 쥐고 있네. 당신 손에 있는 권세로 세계의 역사와 운명이 좌우된다네. 당신은 노련한 전문가인 수많은 보좌관을 데리고 있겠지. 만일 문제가 생기면 그 많은 보좌관들이 제각기 자기의 전문적인 지식을 당신에게 말할 것이네. 그런데 이 사람, 저 사람의 말에 다 귀를 기울이면 쉽게 결정을 내릴 수 없게 될 것이네. 보좌관들의 말을 모두 경청해야 하지만, 판단을 내려야 할 때에는 아무도 없는 곳에서 혼자 하나님 앞에 묵상하고 당신 속에서 들려나오는 음성을 듣기를 바라네."

여러분의 마음은 보좌관입니다. 마음은 여러 가지 수학적이고 논리정연하고 사회학적이며 통계적인 것을 내놓습니다. 그러나 판단을 내릴 때는 영을 사용해야 합니다. 여러분이 묵상하고 기도하는 중에 여러분의 영이 하나님 말씀을 통하여 하나님의 지혜와 하나님의 지식과 하나님의 판단을 얻어서 보좌관을 부리면 종국적으로 성공적인 길을 걸어가게 되는 것입니다. 이러므로 영으로 사는 사람은 말씀의 양식을 가지고 삽니다.

믿음으로

영으로 사는 사람은 믿음으로 살아야 됩니다. 여러분의 마음은 이성理性으로 살지만, 여러분의 영은 믿음으로 말미암아 삽니다. 마음더러 믿으라고 하면 절대로 믿지 않습니다. 인간의 혼, 즉 인간의 마음은 이성으로 살게 되어 있기 때문입니다. 그러나 영은 믿음으로 삽니다. 영은 하나님께서 한 번 말씀하시면 눈에 아무 증거 안 보이고, 귀에 아무 소리 안 들리고, 손에 잡히는 것 없고, 칠흑같이 어두워도 없는 것을 있는 것같이 생각하고, 없는 것을 있는 것 같이 말하고, 없는 것을 있는 것같이 행동할 수 있습니다. 마음은 이러한 일을 절대로 하지 못합니다. 그러므로 마음으로 사는 사람이 "저 사람 위험하기 짝이 없는 행동을 하고 있군. 어쩌자고 저런 비이성적인 일을 한담?" 하고 염려하면 영으로 사는 사람은 이같이 말하면서 웃습니다.

"자네는 이성의 판단에 의해 살지만 나는 믿음으로

산다네. 없는 것을 있게 하시고 있는 것을 없게 하시는 창조적인 영의 능력으로 산다네.'

내게는 절망에 처한 사람이 많이 찾아옵니다. 불치의 병에 걸려 의사로부터 사형선고를 받고 와서 "세브란스 병원에서도, 서울대학병원에서도 가망이 없다고 했습니다. 끝장났습니다."라고 말합니다. 이러한 말을 하는 사람은 마음으로 사는 사람입니다. 그러나 영으로 사는 사람에게는 하나님께서 이와 같은 말씀을 주십니다.

"그가 채찍에 맞음으로 너희는 나음을 얻었나니" 벧전 2:24
"우리의 연약한 것을 친히 담당하시고 병을 짊어지셨도다 함을 이루러 하심이더라" 마 8:17

영으로 사는 사람은 하나님의 말씀을 통하여 믿음으로 삽니다. 그렇기 때문에 불치의 병에 걸렸어도 "나는 죽지 않는다. 나는 산다."라고 말합니다. 이것을 보고 마음으로 사는 사람들은 "돌았다."고 비웃습니다. 영으로 사는 사람은 믿음으로 인생을 살기 때문에 결코 절망하지 않습니다. 육체와 마음이 벽에 부딪혔을지라도 하늘과 땅과 그 가운데 모든 것을 지으신 하나님을 의지하기 때문에 절대로 뒤로 물러가지 않습니다. 성경은 말합니다.

> "할 수 있거든이 무슨 말이냐 믿는 자에게는 능히 하지 못할 일이 없느니라 하시니" 막 9:23
> "네 믿은 대로 될지어다" 마 8:13

이것은 주님께서 영으로 사는 사람들에게 주신 말씀입니다.

성령으로

영으로 사는 사람은 성령으로 삽니다. 영은 영끼리 교제를 하기 때문에 하나님의 성령은 우리의 영을 통하여 교제하십니다. 우리의 마음과는 교제를 할 수 없습니다. 우리가 기도를 하면 하나님의 성령이 우리의 영 속에 하나님의 생각과 평안이 넘치게 해 주십니다. 우리의 영 속에 하나님의 생각과 평안이 넘치고, 마음에 확신이 오고 담대함이 넘치면 하나님이 같이 하시는 것입니다. 그러므로 인간의 생각으로는 아무리 마땅하고 옳은 일일지라도 여러분이 기도할 때에 마음이 불안하고 초조하고 안정이 되지 않으면 그 일은 하나님의 허락을 못 받은 것입니다. 때를 아직 얻지 못한 것이므로 기도를 하며 더 기다려야 합니다. 이와 같이 성령의 인도함을 받는 사람이 영으로 사는 사람인 것입니다.

하나님께 영광을 돌리기 위해서

영으로 사는 사람은 하나님께 영광을 돌리기 위해 삽니다. 돈을 모아도 자신을 위해서가 아니라 하나님의 영광을 위해서 모으며, 지위가 아무리 높아도 그것으로 만족하지 않는 것은 그 지위로 하나님께 영광 돌리고자 함이기 때문입니다. 영으로 사는 사람은 권세를 가져도 그 권세로 하나님께 영광 돌리기 위해 사용합니다. 그러므로 영으로 사는 사람은 삶의 목적이 하나님께 영광 돌리는 데 있습니다.

04.
4차원의 세계 속에서 살아가기

믿지 않는 사람은 영이 하나님께 버림을 받았기 때문에 하나님의 세계와는 관계가 없습니다. 그러므로 자연적으로 물질세계에서 살기 위해 이성적인 혼과 감각적인 육체에 의지하여 종으로 살고 있습니다.

그러므로 중생한 사람은 몸과 마음이 이 세상에 속해 있기는 해도 영은 이미 하나님의 나라에 속해 있어서 하나님과 같은 클래스인 4차원의 세계에 살고 있습니다. 중생한 사람은 천지 만물을 지으시고 다스리는 하나님의 뜻을 알고, 믿고, 성령님의 도우심을 받아 초자연적인 능력으로 마음을 부리고 몸 안에서 이 세상을 살아갑니다.

예수님을 믿으면서도 신앙이 어린 사람은 보좌관의 말에 귀를 기울이고 육의 감각을 좇아 흔들흔들 합니다. 이러한 사람은 육에 속한 성도입니다. 이러한 사람은 신앙이 장성하도록 하여 확고부동하게 영으로 사는 사람이 되어야겠습니다.

하나님께서 인간을 처음으로 만드셨을 때 영과 혼과 육체, 삼위가 일체가 되게 하였습니다. 그리고 사람의 영이 마음을 다스리며 육체 속에 살게 했습니다. 여러분의 영이 참된 여러분입니다. 그런데 인류의 조상 아담과 하와가 하나님을 거역하고 죄를 지음으로 말미암아 영이 죽어서 마음과 육체의 종이 되고 말았습니다. 순서가 뒤바뀐 인간은 절망의 벽에 부딪히고 병든 인간이 되어 병든 사회에 살고 있습니다.

1장 영으로 사는 사람

하나님께서 이러한 인간들을 사랑하셔서 당신의 아들 예수를 이 땅에 보내시고 인류의 죄를 대신 짊어지고 십자가에 달리시게 함으로 인간들의 죄의 대가를 대신 치르게 하셨습니다. 그리하여 누구든지 예수 그리스도를 구주로 믿음으로 말미암아 죄 사함을 받고 하나님과 화목하고 하나님의 성령이 그 속에 와서, 죽었던 영이 살아나게 되었습니다.

예수님을 믿고 영이 살아난 여러분은 말씀의 양식으로 살고, 믿음으로 살며, 성령으로 살고, 하나님께 영광 돌리기 위해 살며 4차원의 세계 속에서 살아가면서 3차원인 마음과 육체를 다스리며 삽니다.

이와 같이 하여 영으로 사는 사람만이 이 세상에 있는 수많은 3차원의 문제들을 해결할 수 있습니다. 왜냐하면 영으로 사는 사람만이 하나님과 대화하고 교제하고 믿음을 가짐으로 개인 문제가 해결되고, 가정 문제가 해결되며, 사업 문제가 해결되고, 인간 역사와 미래가 해결되기 때문입니다.

중세 문예부흥 이후로 사람들은 하나님 없이 인

간의 지식과 이성과 과학만으로 유토피아를 건설할 수 있다고 말해 왔지만, 오늘날 세계가 그들이 말한 대로 유토피아가 되었느냐 하면 그렇지 않다는 것을 우리는 분명히 알고 있습니다. 오늘날 완전히 깨어진 세계에, 병든 인간이 살고 있습니다. 이 세상의 질서가 바로잡히고 병든 인간이 치료받으려면 사람들이 하나님 앞에 나와서 영이 살아나야 합니다. 하나님과 교제하면서 하나님 안에서 참 믿음과 참 소망과 참 사랑 가운데 변화를 받아 치료받기 전에는 인류는 암담한 절망 가운데서 자멸할 수밖에 없습니다.

그러나 예수님을 믿는 사람은 두려워하지 않습니다. 우리의 육신의 장막집이 무너져도 손으로 짓지 아니한 영원한 집인 천국으로 가서 하나님과 함께 영원히 살 수 있기 때문입니다. 우리에게는 영화롭고 찬란한 소망이 있습니다.

그러므로 이 땅에 사는 동안 영으로써 여러분 개인과 가정생활을 영위하고, 영으로써 사회생활과 국

가생활을 영위하며, 영으로써 사업을 하여 영혼이 잘됨같이 범사에 잘되고 강건하며 생명을 얻되 넘치게 얻어 하나님께 영광 돌리면서 주님 오시는 날, 그 앞에 스스럼없이 서게 되시기를 주님의 이름으로 축복합니다.

# 2장

혼으로
사는
사람

"하나님의 말씀은 살아 있고 활력이 있어 좌우에 날선 어떤 검보다도 예리하여
혼과 영과 및 관절과 골수를 찔러 쪼개기까지 하며
또 마음의 생각과 뜻을 판단하나니 지으신 것이
하나도 그 앞에 나타나지 않음이 없고
우리의 결산을 받으실 이의 눈앞에 만물이 벌거벗은 것 같이 드러나느니라"

히 4:12~13

01_ 혼으로 사는 자의 절망
02_ 혼을 구원하는 길
03_ 혼의 재교육
04_ 영에게 순복하는 삶 살아가기

§서부§ 태평양에 놓여 있는 환초 섬 비키니에서 미국 최초의 수소폭탄 실험이 있었을 때, 그곳에 참관한 미국의 각 신문 기자들이 신문에다 그 사건을 '인간은 이제 신을 정복했다'는 제목으로 대서특필했던 것을 본 기억이 납니다.

1961년 4월, 소련의 우주인 가가린이 우주선 보스톡 1호를 타고 최초로 지구를 한 바퀴 돌고 난 다음 귀환한 후 첫 성명에서 "우주에 하나님은 없었다."는 오만한 말을 했습니다. 영靈이 죽고 혼魂, 즉 인간 지성으로만 사는 사람들은 사물을 단지 이성적인 눈과 합리적인 두뇌로만 봅니다. 그렇기 때문에 그들에게는 이성적으로, 합리적으로 생각할 수 없는 것은 모두 미신에 불과합니다.

인간이 에덴에서 하나님을 반역하고 쫓겨났을 때 이미 영은 하나님과의 교제가 끊어지고 죽었습니다. 영이 죽은 인간이 지구상에서 살아가기 위해서는 합리적인 혼을 계발하는 길밖에 없었고, 육체의 감각을 의지하는 길밖에 없었습니다. 그 결과 인간은 인본주의적人本主義的이 되었으며 혼으로 사는 사람이 되어 버리고 말았습니다.

이와 같이 하여 혼으로 사는 사람, 다시 말씀드려 인간의 이성과 감각의 노예가 된 사람은 하나님에 관하여 아무 것도 깨달을 수 없는 것은 당연한 이치입니다. 고린도전서 2장 14절에 보면 다음과 같이 말씀하고 있습니다.

"육에 속한 사람은 하나님의 성령의 일들을 받지 아니하나니 이는 그것들이 그에게는 어리석게 보임이요, 또 그는 그것들을 알 수도 없나니 그러한 일은 영적으로 분별되기 때문이라"

육신으로 난 것은 육체일 뿐 성령으로 나야 영입니다. 그러므로 예수님을 믿고 성령으로 거듭나서 영이 살아나기 전에는 인간은 전적으로 혼에 의지하여 살아갑니다. 혼으로 사는 인간은 이성과 지성만을 통해 사물을 판단하기 때문에 이성과 지성으로 깨달을 수 없는 영적인 세계에 대해서는 전혀 알 수 없습니다. 그래서 혼으로 사는 사람들은 조그만 성취에도 "신은 죽었다. 신은 없다."는 어리석은 말을 합니다.

01.
혼으로 사는 자의 절망

죄책과 정죄의식

 오늘날 사람들은 인류문명사상 가장 위대한 문화를 창조하고 과학을 발전시켰다고 크게 자랑하고 있습니다. 인간 혼의 상아탑, 인간의 혼과 이성이 만들어 놓은 바벨탑을 가지고 큰소리를 칩니다만 혼으로 사는 사람들에게는 누구를 불문하고 건널 수 없는 절망의 강이 흐르고 있습니다. 혼으로 사는 사람들은 이 절망의 강에 관해서는 말하지 않습니다. 그들은 현실에서 성취한 것만 말하고 혼으로 사는 사람이면 누구나 부딪혀 절망할 수밖에 없는 이 강에 관해서는 모른 체하고 살아가고 있습니다. 혼으로 사는 사람은 모두 다 죄책과 정죄의식의 절망의 강에 부딪힙니다.
 혼으로 사는 사람은 이성적인 삶을 자랑합니다.

그들은 이성으로 생각할 수 없는 것은 미신으로 생각하고 이성을 통하여 발달된 과학을 큰 자랑으로 여깁니다.

그러나 한 가지 놀라운 사실은 가장 이성적으로 살아야 할 인간이 비이성적으로 행동하고, 그 결과 깊은 죄책과 정죄 의식에 빠지고 있습니다. 18세기 계몽주의사상 이후부터 인간은 이성으로 유토피아를 만들 수 있다고 장담하고 있습니다. 그들의 말대로 이성으로 지금 지구상에 유토피아가 만들어졌습니까? 제1차 세계 대전을 통해 인간이 과학과 이성으로 만든 무기로 세계는 초토화되었습니다. 전쟁이 끝나고 세계가 겨우 복구되었을 때 제2차 세계 대전이 일어나 세계는 비이성적인 살상의 장소로 변모되고 말았습니다. 그리하여 세계는 또다시 잿더미가 되고 말았습니다.

가장 이성적으로 사는 사람이라고 자부하는 독일 민족이 나치주의를 만들고 6백만 유대민족을 비참하게 학살했습니다. 가장 이성적인 사람이 어떻게 똑같은 사람을 죽여 비누를 만들고 뼈를 갈아 비료를 만드는 데 사용하고 인간을 실험용 모르모트로 이용할 수 있겠습니까.

뿐만 아닙니다. 이성적이고 과학적인 인간이 전에 없던 공산주의란 제도를 만들어 놓고 당과 집단을 위해 인간을 노예화하고 있습니다.

제2차 세계대전 이후에도 한국, 월남, 아프리카, 중남미 각처가 전쟁과 테러로 인하여 피로 물들었습니다.

혼으로 살고 이성으로 사는 것을 크게 자랑하는 사람들이 비이성적인 생활을 함으로 말미암아 다가오게 되는 정죄의식, 죄책으로 인한 처참한 수렁에 빠져 있습니다.

오늘날 심리학자들은 죄책이 정신적 불안과 갈등과 질병의 원인이 되고 있다고 말하고 있습니다. 하나님 없이 인간의 이성으로, 혼으로 살아갈 수 있다고 말하는 사람은 자신의 생활을 돌이켜 보면 가장 이성적이어야 할 생활이 비논리적이고 비이성적이고 비과학적임에 놀라지 않을 수 없을 것입니다. 혼으로 사는 인간은 어느 곳에 있든지 죄책과 정죄의식에서 벗어날 수 없습니다.

허무와 무의미

혼으로 살고 이성으로 사는 사람은 건너지 못할 허무와 무의미의 강에 부딪힙니다. 오늘날 사람들은 과학과 기계 문명을 통한 산업 사회 및 거대한 도시를 건설하였습니다. 그리고 무엇이 있는 것처럼 떠들썩하고 바쁘게 왔다 갔다 하며 살고 있으나 삶의 의미와 목적을 발견하지 못하여 허탈에 빠지고 있습니다.

삶의 의미와 목적을 발견하지 못했다는 나의 말에 대하여 그렇지 않다고 반박할 사람이 있을지 모르겠습니다. 혼으로 사는 이성적이고 과학적인 사회 속에서 우리가 참으로 인생을 살아갈 만한 목적과 가치를 발견하고 있다면 왜 오늘의 세계가 술과 마약과 테러로 시들어가고 있겠습니까? 오늘날 세계는 테러 문제로 골치를 앓고 있고, 섹스의 범람으로 가정이 파괴되어 가고 있고, 늘어가는 알코올 중독으로 많은 사람들이 폐인이 되어 가고 있습니다.

삶의 목적과 가치를 발견했다면 이러한 문제들로 고민하지 않아도 될 것입니다.

닉슨 대통령이 재임 시 유명한 미래학자인 허만 칸 박사를 초청해서 21세기의 미국에 대해 말해 줄 것을 요청했습니다. 그때 허만 칸 박사는 닉슨 대통령에게 이같이 말했습니다.

"미국은 지금의 전자공학시대를 벗어나서 무한대로 발전할 가능성을 가지고 있습니다. 그러나 그 전에 갖춰야 할 한 가지 조건이 있습니다. 미국 정부가 국민들에게 인생을 살아갈 만한 목적과 가치를 발견해 주지 않으면 미국 사회는 자멸하고 말 것입니다."

어떤 사람들은 삶의 목적과 가치를 물질의 풍요에 두는데 이는 대단히 잘못된 생각입니다. 물질이 풍요하고 시간이 넉넉하면 할수록 화산처럼 입을 열고 다가오는 허무와 무의미의 함정은 깊어집니다.

하나님을 모시지 않고 영이 살아나지 않은 사람은 허무와 무의미의 강을 건널 수 없습니다.

죽음과 무^無의 절망

"혼만으로도 살 수 있다. 인간의 이성과 자유를 가지고 과학과 더불어 잘 살 수 있다."는 사람이 또 부딪히는 절망의 강은 죽음과 무^無의 강입니다. 지금 온 세계는 위대한 물리학자 아인슈타인 박사의 탄생 100주년 기념으로 떠들썩하고 있습니다. 아인슈타인 박사가 이룩해 놓은 업적은 물리학자들을 새로운 세계로 끌어들이고 있습니다. 그러나 그처럼 위대한 과학자도 죽음의 파도 앞에 사라진 그림자에 불과합니다.

"내일 일을 너희가 알지 못하는도다 너희 생명이 무

엇이냐 너희는 잠깐 보이다가 없어지는 안개니라"
약 4:14

  인간의 모든 성취는 죽음이라는 엄숙한 사실 앞에서 일체 입을 다물고 말 것입니다.
  윌슨 대통령이 제1차 세계대전 이후 국제연맹을 구성하고 비중을 얻기 위해 상원에 그 안건을 내놓았습니다. 그러나 상원에서는 윌슨의 필사적인 노력과 땀으로 이룩한 국제연맹을 거부하고 말았습니다. 이로 인해 크게 상심한 윌슨 대통령은 그 길로 자리에 눕고 일어나지를 못했습니다.

"사람의 심령은 그의 병을 능히 이기려니와 심령이 상하면 그것을 누가 일으키겠느냐" 잠 18:14

  마음이 상한 윌슨 대통령에게는 백약이 무효였습니다. 그가 거의 죽게 되었을 때 유명한 철학자 나폴레옹 힐 박사를 청했습니다. 그때 나폴레옹 힐 박사가 윌슨 대통령에게 한 말을 나는 잊을 수 없습니다. 그는 죽어가는 윌슨 대통령에게 허리를 굽혀 귀에 대고 말했습니다.

"윌슨 대통령, 너무 심려하지 마십시오. 인생을 멀리 바라보면 국제연맹이 결성되었든 안 되었든 크게 문제가 되지 않습니다. 영원에 비교해 보면 인생이 이룩한 것은 모두 다 하나의 점에 불과합니다. 그러므로 너무 염려하지 마시고 편히 눈을 감으십시오."

인생들이 오늘 무엇을 이룩해 보겠다고 이리 뛰고 저리 뛰며 애쓰지만 결국 죽음의 그림자에 짓밟히고 남는 것이 하나도 없게 되고 맙니다. 혼으로 사는 사람은 아무리 큰소리쳐도 죽음과 무의 강을 건널 수 없습니다.

혼으로 사는 사람은 죄책과 정죄의식의 벽, 허무와 무의미의 벽, 죽음과 무의 벽에 부딪혀서 산산조각으로 깨어질 수밖에 없습니다. 혼으로 사는 인생은 하루살이와 같은 삶을 살고 있습니다.

02.
혼을 구원하는 길
– 하나님의 영의 지배하로 돌아와야 함

그러나 혼은 구제를 받을 수 있습니다. 혼이 깨어져서 하나님 앞에 나오고, 예수 그리스도를 영접하여 영이 살아나고 그의 지배하에 들어오게 될 때 비로소 혼은 어디에서 와서 무엇 때문에 살며 어디로 가는지 삶의 목적과 가치를 알게 됩니다. 그리고 그리스도 안에서 죄책과 정죄의식을 극복하고 허무와 무의미의 강을 건너고 죽음과 무를 정복하여 영원한 삶과 소망을 가지게 되는 것입니다. 그러므로 혼이 깨어져서 영의 종이 되고 하나님께 굴복할 때만이 구제받을 수 있고 새로운 삶을 시작할 수 있는 것입니다.

가장 최신의 장비를 갖추고 대양을 항해할 수 있는 배라도 노련한 선장이 없으면 그저 구경거리에 불과합니다. 이와 같이 영의 인도가 없는 혼, 즉 인간 지성은 아무리 위대해도 물거품 같습니다.

구약의 대표적인 혼의 사람 – 야곱

구약성경에 보면 혼이 구제받은 대표적 인물이 있습니다. 그는 바로 야곱입니다. 야곱은 이삭의 쌍둥이 아들로서 하나님의 약속을 받은 사람입니다. 어머니 리브가가 아기를 가졌는데 뱃속에서 두 아이가 서로 싸우는지라 너무 괴로워 하나님께 기도를 했습니다. 하나님께서 리브가에게 이렇게 말씀해주셨습니다.

"두 국민이 네 태중에 있구나 두 민족이 네 복중에서부터 나누이리라 이 족속이 저 족속보다 강하겠고 큰 자가 어린 자를 섬기리라" 창 25:23

해산날이 되어 리브가는 쌍둥이를 낳았습니다. 먼저 태어난 아들이 에서이고 다음으로 태어난 아들이 야곱입니다. 에서는 창 던지고 활을 쏘아 짐승 잡는 것을 좋아하여 아버지의 사랑을 받았습니다. 야곱은 차분한 성격으로 어머니의 부엌일을 도와주고 어머니와 늘 같이 있었으므로 어머니의 사랑을 독차지했습니다. 에서보다 야곱을 더 사랑하는 어머니는 하나님께로부터 받은 계시를 야곱에게 다 말해주었습니다.

"네가 비록 동생으로 태어났지만 아버지의 상속을 받을 자는 너다. 하나님께서 네가 상속을 받겠다고 말씀하셨기 때문이다."

그러나 야곱은 대표적인 혼의 사람이었습니다. 그래서 하나님의 말씀을 믿음으로 받아들이고 성령의 인도를 기다리는 사람이 못되었습니다. 인간의 이성과 지성으로 사는 혼의 사람인 야곱의 생각에는 가만히 있는데 장자의 명분이 자기에게로 올 것 같지가 않았습니다. 그는 믿음과 성령의 인도를 바라며 살 수 없었습니다. 그래서 형을 올무에 걸려들게 하여 장자의 명분을 빼앗기로 결심했습니다. 기회만 엿보고 있던 그에게 어느 날 그 기회가 왔습니다.

하루는 야곱이 팥죽을 쑤고 있는데 사냥을 갔다 온 형 에서가 집에 돌아오자 배가 고픈지 그에게 팥죽 한 그릇을 달라고 하지 않겠습니까. '기회는 이때다.'라고 생각한 야곱은 실눈을 뜨고 야릇한 웃음을 입가에 띠면서 형에게 말했습니다.

"형, 내가 팥죽 한 그릇을 줄게. 그 대신 내게 장자의 명분을 줘. 형이 하나님 앞에서 '내가 장자의 명분을 내 동생에게 주노라'고 맹세만 하면 팥죽을 줄게."

형 에서는 육체적인 사람입니다. 그에게는 먹는 것이 상자의 명분보다 중요했습니다. 그는 장자의 명분을 대수롭지 않게 생각했던 것입니다. 그래서 하나님 앞에 서약을 했습니다.

"장자의 명분을 네게 주노니 대신 팥죽 한 그릇을 내게 줄지어다."

야곱은 야비하게 팥죽 한 그릇으로 형에게서 장자의 명분을 빼앗았습니다.

이삭의 나이가 많아져서 눈이 어두워졌습니다. 죽을 날이 가까워져 옴을 안 이삭은 자식들에게 상속을 주기로 작정했습니다. 이스라엘 사람들은 상속을 줄 때 축복의 말로써 상속을 대신했습니다. 가장에게는 제사장의 직분이 주어졌으므로 아버지가 자식에게 축복을 주면 그대로 다 이뤄졌던 것입니다.

하루는 이삭이 에서를 불러 이렇게 말했습니다.

"에서야, 내가 죽을 날이 가까워져 오니 네게 축복 주기를 원한다. 그 전에 네가 사냥해 온 고기로 별미를 만들어 오너라. 그것을 먹고 내가 기분이 좋을 때 축복을 해주마."

에서는 이 말을 듣고 사냥하기 위해 밖으로 나갔습니다. 한편 이 말을 엿듣게 된 리브가는 야곱을 불러 아버지 이삭이 에서에게 한 말을 모두 들려주었습니다.

"야곱아, 아버지가 형에게 축복을 주려고 하니 꾀

를 내어서 그것을 가로채자. 너는 빨리 짐승의 우리에 가서 염소새끼를 잡아 오너라. 내가 아버지가 좋아하는 별미를 만들어 줄 테니 그것을 가지고 아버지에게 가서 축복을 받으라."

야곱은 어머니 리브가의 말을 듣고 염소 새끼를 잡아왔습니다. 어머니는 그것으로 요리를 만들기 시작했습니다. 남편의 식성은 누구보다도 아내가 잘 압니다. 리브가는 이삭이 좋아할 음식을 급히 만들어 주면서 형 대신 축복을 받고 오라고 했습니다. 야곱이 어머니에게 다시 물었습니다.

"어머니, 형은 몸에 털이 많고 나는 털이 없는데 혹시 아버지가 나를 만져보고 야곱임이 드러나 축복 대신 저주를 하면 어떻게 합니까?"

리브가와 야곱은 다시 의논하여 염소의 가죽으로 야곱의 손과 목에 둘렀습니다. 염소의 털로 털이 많은 에서처럼 꾸민 야곱은 에서의 옷을 입고 어머니가 만들어 준 별미를 가지고 아버지에게로 갔습니다.

"아버지, 아버지가 말씀하신 대로 별미를 만들어 왔습니다."

"아니, 어떻게 이렇게 빨리 가져왔니?"

"하나님이 짐승을 빨리 만나게 해주셔서 일찍 오게 되었습니다."

아버지가 가만히 들으니까 야곱의 목소리거든요. 그래서 가까이 오게 한 후 손과 목을 만져보니 털이 부숭부숭 나 있었습니다. 그리고 입은 옷에서도 에서의 냄새가 났습니다.

"목소리는 야곱의 목소리인데 몸에 털이 있는 것을 보니 에서가 틀림없군." 하면서 이삭은 야곱이 만들어 온 별미를 먹고 잔뜩 기분이 좋아 한껏 축복해 주었습니다.

그런데 조금 있다가 "아버지, 별미를 만들어 왔습니다. 잡숫고 축복해 주옵소서." 하는 목소리가 또 들려왔습니다.

그 소리를 들은 이삭은 깜짝 놀라면서 "너는 누구냐?" 하고 물었습니다.

"아버지의 아들 에서입니다."

이 대답을 들은 이삭은 벌벌 떨면서 야곱이 먼저 와서 축복을 다 받아갔음을 말해주었습니다. 야곱이 팥죽 한 그릇으로 장자의 명분을 빼앗더니 축복까지 빼앗아 간 것을 안 에서는 통곡을 하고 울면서 야곱을 죽이려고 작정했습니다.

하나님께서 이미 작정해 놓으셨음을 알았으면 믿음과 성령의 인도를 기다리면 될 텐데 혼으로 사는 야곱은 믿음과 성령의 인도를 기다릴 수 없었습니다. 그는 인간의 지혜와 수단과 방법으로 하나님의 뜻을 이루려고 비겁한 수단으로 형을 올무에 걸려들게 하였습니다.

형이 자기를 죽이려고 하자 야곱은 하는 수 없이 외삼촌 집으로 도망갔습니다. 그곳에서 그는 무려 20년 동안 머슴살이를 했습니다. 그동안 외삼촌을 속이고 외삼촌에게서 속임을 당하기도 했습니다. 그러다보니 20년이 지났건만 가진 것이라고는 하나도 없는 빈털터리였습니다. 고향으로 돌아가려 해도 가진 것이 없자 다시 계교를 부려 외삼촌의 재산을 빼앗다시피 하여 자기의 가족들과 함께 야간도주를 했습니다.

사흘이 지난 후 야곱이 자기의 권속들과 재산을 가지고 도망간 것을 안 외삼촌은 야곱을 뒤쫓아 갔습니다.

그러나 꿈에 하나님께서 야곱에게 손대지 말라고 하셨으므로 그를 해칠 수는 없었습니다. 그 대신 경계선을 긋고 야곱으로부터 그 선을 넘지 않겠다는 약속을 받았습니다.

야곱의 일행이 얍복 강가에 이르렀을 때입니다. 야곱이 돌아온다는 말을 듣고 형 에서가 집에서 훈련시킨 4백여 명의 군사를 거느리고 질풍처럼 달려온다는 전갈을 받게 되었습니다. 뒤로 물러갈 수도 없고 앞으로 나갈 수도 없는 야곱은 막다른 골목에 부딪히게 되었습니다. 그는 여기에서 마지막 계교를 부렸습니다. 야곱은 짐승과 처자식을 자기보다 한 걸음 앞서 얍복 강을 건너게 했습니다. 그리고 야곱 자신은 강을 건너지 않고 강 이편에서 강을 건너는 식구들만 바라보았습니다. 식구들이 강 이편에 처져 있는 그를 보고 "아빠, 아빠는 왜 강을 건너지 않으세요?" 하고 물으면 이같이 대답했습니다.

"너희들 먼저 건너가라. 나는 아직 할 일이 있어."

야곱이 강을 건너지 않고 혼자 남아 있는 것은 속셈이 따로 있었기 때문입니다. 형이 자기를 죽일 마음이면 자기의 처자식부터 먼저 죽일 것이 뻔합니다. 형이 강 건너편에서 자기의 처자식을 죽이면 강 이편에 있던 자기는 형이 강을 건너기 전 튼튼한 두 다리로 재빨리 도망갈 생각을 하고 있었던 것입니다. 혼으로 사는 사람들은 처자식을 희생시키더라도 자기만 살겠다는 생각을 가집니다.

형이 자기의 가족을 어떻게 대하는지 그것만 보겠다고 기다리는데 밤중에 천사가 나타났습니다. 천사와 야곱은 씨름을 하게 되었습니다. 천사는 야곱에게 "처자식을 먼저 보내고 왜 너만 남았느냐. 너도 강을 건너라."고 말했고 야곱은 야곱대로 주장했습

2장 혼으로 사는 사람

니다.

"그럴 수 없습니다. 여기 남아서 내 목숨만이라도 지켜야겠습니다."

가라고 말하고, 안 가겠다고 대답하면서 밤새도록 씨름이 계속되었으나 승부가 나지 않고 날이 밝아오고 있었습니다. 그러자 천사가 손을 들어 야곱의 환도뼈를 치매 위골되어 야곱은 절뚝절뚝 절게 되었습니다. 두 다리만 잔뜩 믿고 있던 야곱은 끝장이 나고 말았습니다. 여기에서 그는 혼이 깨어지게 되었습니다. 이때 그는 비로소 하나님 앞에 손들고 말했습니다.

"하나님이여, 나를 축복해 주지 않으면 당신을 놓지 않겠습니다."

혼이 깨어진 야곱은 믿음과 성령의 인도가 없이는 이제 살 수 없다고 고백했습니다. 그때로부터 시작하여 인간의 수단과 방법으로 사는 혼의 사람이 아닌 영의 사람이 되어서 믿음과 성령의 인도를 받아 살기로 작정하고 절뚝거리며 얍복 강을 건넜습니다.

그리고는 자기를 기다리는 처자식과 합류했습니다. 야곱은 절뚝거리며 처자식과 함께 자기를 잡으러 달려오는 형의 군대를 향해 나아갔습니다.

그러나 이제는 어제까지의 그와는 전혀 다른 사람입니다. 인간의 수단과 방법으로 사는 혼의 사람이 아닙니다. 그는 혼이 깨어지고 하나님을 믿고 성령의 인도를 좇아가는 영의 사람이었습니다.

20년의 세월이 지나도 에서의 동생에 대한 미움은 사라지지 않았습니다. 그래서 야곱이 돌아온다는 소식을 듣자 그를 죽이기 위해 에서는 4백 인의 군사를 데리고 달려왔습니다. 그러나 머리는 흐트러지고 온 몸에 흙이 묻고 절뚝거리며 오는 야곱을 보자 밉던 마음이 봄눈 녹듯 사라지고 애틋한 정이 솟구쳐 올라왔습니다. 그래서 말에서 내려 동생의 목을 껴안았습니다. 형제는 서로 울었습니다. 형이 동생에게 자기가 데리고 온 4백 인의 군사로 호위하겠다고 말했습니다. 야곱의 혼이 깨어지자 그를 죽이러 달려오던 군사는 호위병으로 변하고 말았습니다. 야곱은 혼은 깨어졌지만 그 대신 영이 살아서 이스라엘 열두 지파의 조상이 되는 축복을 받았습니다.

혼은 주인이 아니라 종이다

인간의 혼은 혼이 나야 깨어집니다. 혼이 나지 않으면 야곱과 같이 온갖 수단과 방법을 다 동원합니다. 그러나 혼이 깨어져서 두 손 들고 하나님 앞에 나아와 "이제는 내 힘으로 할 수 없습니다. 인간의 이성과 인간의 지혜로 살지 아니하고 하나님을 믿고 성령의 인도로 좇겠습니다."라고 할 때에 새로운 기원이 그의 속에 이루어지게 되는 것입니다.

오늘 여러분이 생활하면서 당하게 되는 시험과 환난을 이상한 일처럼 생각하지 마십시오. 왜냐하면 하나님께서는 외부적인 압력을 통하여 여러분의 혼을 깨뜨리시기 때문입니다. 하나님께서는 여러분의 혼을 깨뜨리기 위하여 여러분에게 시험과 환난을 보내십니다. 그리하여 여러분의 혼이 깨어져서 하나님 앞에 항복하면 그때로부터 시작하여 여러분은 하나님을 믿고 성령의 능력을 의지하고 나아가는 영의 사람이 됩니다. 여러분이 영의 사람이 될 때 하나님께서는 믿음으로 살고 기적으로 사는 길을 열어주시는 것입니다.

여러분 가운데 혼이 강한 사람은 이같이 말씀하실지도 모르겠습니다.

"조 목사님, 그것은 종교적인 말씀입니다. 오늘날과 같이 각박한 세상에는 야곱처럼 인간의 수단과 방법으로 살아야 합니다. 영이 살아서 하나님을 믿고 성령의 인도를 좇아 산다면 경쟁에서 뒤지고 말 것입니다."

여러분, 정말 영으로 사는 사람은 경쟁에서 이길 수 없는 것일까요?

미국의 대통령은 세계의 운명을 손에 쥐고 있습니다. 그러므로 세계의 대통령이라 할 수 있습니다. 그러한 위치에 있는 사람이 인간의 수단과 방법, 혼의 지식과 이성만으로 인생을 살고 있을까요?

금번 주간의 타임지에 보면 슈사이든이라는 사람이 대통령에 대해 평評한 것이 기록되어 있는데 거기에 아주 재미있는 구절이 있습니다.

> "해외정책을 수립하는 데 있어서 지미 카터 대통령은 오직 혼자서 결정한다. 해외정책을 만드는 동기는 그의 영에서 나오고 그의 이성은 놀라우리만큼 종교적인 감정에 의지하고 있다. 해외정책을 만들 때 그는 기도하면서 오직 혼자서 한다."

슈사이든은 카터 대통령의 외교정책을 비평할 때 대통령이 이성보다는 종교적인 감정에 의지하고 영에서 들려오는 음성을 듣고 해외정책을 만든다고 했습니다.

그리고 이번에 카터 대통령이 중동을 방문하고 이스라엘과 애굽의 평화조약을 체결하게 한 것에 대해 이렇게 비평했습니다.

> "주일 아침 일찍이 대통령은 침례교회에 나가서 성경 공부 반에서 성경을 가르친 후 기도하던 중 중동을 방문해야겠다는 아이디어가 떠오르자 곧장 비행기로 중동으로 건너가 중동 평화외교를 시작하였다."

여기에서도 카터 대통령은 외교정책을 이성보다는 자기 심령 속에 떠오르는 영감으로써 이룩하고 있음을 알 수 있습니다.

타임지에는 또 다음과 같은 구절이 있습니다.

> "카터의 지도력에 관해 사람들이 염려를 하고, 그의 인기가 떨어져가고 있음에도 불구하고 그의 신앙의 힘이 그를 붙들어 주어서 정치를 할 수 있다고 고백하고 있다."

미국의 대통령이 이성으로 판단하지 않고 영의 음성을 듣고 결정을 한다고 비난하는데 그의 비난은 당연한 것이라 할 수 있습니다. 왜냐하면 혼으로 사는 사람은 영의 일을 알지 못하기 때문입니다. 그렇다고 하여 내가 카터 대통령의 정책을 전적으로 지지하는 것은 아닙니다. 다만 그분이 영으로 살고 성령의 인도함을 개인 생활과 정치에 적용하고 있다는 사실에 마음 든든하게 생각하고 있습니다.

이러므로 여러분과 나도 우리의 개인 생활이나 가정이나 사업에 있어서 혼의 음성을 들을 것이 아니라 골방에 들어가 기도함으로써 영의 음성을 듣고 영이 지시하는 대로 행하여 훗날 후회가 없도록 해야 할 것입니다.

03.
혼의 재교육

우리는 예수님을 구주로 믿음으로 말미암아 우리의 영이 살게 되고 우리의 영이 영생을 얻고 하나님의 성령이 우리 영 속에 들어와 있게 됩니다. 그리하여 우리가 혼으로 살 때에는 도저히 알 수 없었던 새로운 세계가 열리게 됩니다. 물질적인 3차원의 세계가 아닌 영적인 4차원의 세계가 열려서 우리는 물질적인 3차원의 세계에 살 뿐만 아니라 영적인 4차원의 세계에도 살게 됩니다. 우리는 동시에 3차원과 4차원의 두 세계에 살게 되는 것입니다.

우리의 영이 주도권을 가지고 혼을 지배하여 살아가기 위해서는 우리의 혼을 재교육시키지 않으면 안 됩니다. 우리 영이 혼을 데리고 육체 가운데 사는 것이 참 인간입니다. 영이 거듭난 여러분은 혼을 재교육시키지 않으면 여러분의 신앙이 성공적으로 될 수 없습니다. 영이 아무리 지배를 해도 혼이 자꾸 반발하면 신앙생활을 할 수 없기 때문입니다. 영의 지배를 받는 혼이 반발하지 않도록 하기 위해서 혼의 재교육이 필요한 것입니다. 영은 거듭나고 혼은 새로운 교육을 받아야 하는 것입니다.

"너희는 이 세대를 본받지 말고 오직 마음을 새롭게 함으로 변화를 받아 하나님의 선하시고 기뻐하시고 온전하신 뜻이 무엇인지 분별하도록 하라" 롬 12:2

여기에 보면 마음을 새롭게 하라고 했습니다. 혼은 인간의 이성과 마음을 가지고 있습니다. 그러므로 마음은 거듭나는 것이 아니고 재교육을 시킴으로써 새마음 운동을 통하여 마음을 새롭게 해야 합니다.

새로운 지식을 받아들이자

① 하나님에 관하여

예수님을 믿고 영이 거듭난 사람이 새마음 운동을 어떻게 해야 할까요? 먼저 혼에게 새로운 지식을 받아들이도록 해야 합니다. 혼은 하나님에 대해 전혀 알지 못합니다. 그러므로 우리들은 성경을 통해 혼에게 우주를 지으신 하나님이 계신 것과 하나님께서 인생들을 어떻게 섭리하고 계시는지 새로운 지식을 재교육시켜서 여러분의 이성과 마음이 하나님에 대한 것을 받아들이도록 해야 합니다.

② 삼박자 축복에 대하여

뿐만 아니라 우리는 혼에게 예수님을 믿는 사람들은 예수 그리스도 안에서 십자가를 통하여 함께 죽고 함께 장사지낸 바 되고, 함께 부활한 사람임을 가르쳐 주어야 합니다. 예수님을 믿기 전에는 어떤 사람이었는데 예수님을 믿은 후 예수 그리스도 안에서 어떤 사람이 되었는지를 가르쳐 주어야 합니다. 영혼이 잘됨같이 범사에 잘되고 강건하게 되는 삼박자 축복의 약속을 혼에게 가르쳐 주어야 합니다. 그렇게 해야 혼이 영에게 협조를 잘할 수 있기 때문입니다. 그리스도 안에서 하나님께서 우리에게 허락하신 놀라운 은혜와 축복을 혼에게 낱낱이 깨닫게 해 줌으로써 혼이 영과 손을 잡고 순종하도록 해야 합니다.

③ 영생과 천국에 대하여

그리고 우리는 혼에게 영생과 천국에 관해 가르쳐 줘야 됩니다. 우리 혼은 물질적이고 이성적인 것밖에는 모릅니다. 그러나 역사의 종말이 다가올 것과 예수님의 강림하심과 영생의 문제에 관해 혼에게 간단히 깨우쳐 줘야 합니다.

하나님께 감사드리는 것을 가르쳐야 한다

우리는 또한 혼이 가지고 있는 감정을 순화시킴으로써 원망, 불평 대신 범사에 하나님께 감사하며 살 수 있도록 교육시켜야 합니다.

성령의 인도에 의지를 순종시키는 것을 가르쳐야 한다

마지막으로 성령의 인도에 우리의 의지를 순복시켜서 성령이 인도하시면 인간 이성으로 이해되지 않는 것이라도 순복하고 나가야 되는 것을 혼에게 가르쳐 줘야 됩니다.

우리는 혼의 지식을 재교육시키고, 감정을 재교육시키며 혼의 결단과 의지를 재교육시켜서 우리의 영과 성령의 인도를 받을 수 있도록, 믿음과 성령으로 살 수 있도록 영을 보좌하고 협력하고 순복하도록 해야 됩니다.

혼이 깨어지고 순복함을 배우며 재교육을 받아서 영이 혼을 지배하고 육체 속에 거하여 이 세상에 살고 있으면서 4차원의 믿음을 통하여 성공적인 삶을 살 수 있어야겠습니다.

04.
영에게 순복하는 삶 살아가기

혼으로 사는 사람은 인간적인 차원에서만 삽니다. 키에르케고르가 말한 것처럼 혼으로 사는 사람은 죽음에 이르는 병이 들었어도 그것을 모르고 사는 사람들입니다.

그러나 혼을 깨뜨리고 말씀으로 재교육시켜 영에게 순복하게 할 때 하나님의 능력으로 인생을 사는, 혼으로 사는 사람이 아닌 영으로 사는 사람으로 변화되고 마는 것입니다.

여러분, 혼이 우리들이 아닙니다. 영원한 영이 혼을 가지고 육체 속에 살아가고 있는 것이 참된 우리입니다. 그리고 이 육체가 무너질 때 우리의 영은 영원한 천국에 들어갑니다.

혼이 우리 두뇌를 가지고 있고 우리 마음과 감정과 의지를 가지고 있기 때문에 혼을 재교육시키지 않으면 우리의 신앙생활은 성장하지 못합니다.

안 믿는 사람들은 영이 죽었기 때문에 인간의 이성과 자유, 인간의 감각을 통해서 혼으로만 살다가 멸망에 처하고 맙니다.

그리고 예수님을 구주로 믿고 구원을 받아 영이 살아난 사람이라도 혼을 깨뜨리고 재교육시켜서 믿음과 성령의 인도를 좇아 사는 생활에 전적으로 매달리지 않으면 혼은 영적인 문제에 대해 전혀 모르므로 의심하고 반항하고 불순종하게 됩니다. 그리하여 "마음은 원이로되 육신이 약하도다"라고 탄식하고, "오호라 나는 곤고한 사람이로다. 누가 나를 사망의 몸에서 건져내랴."라고 계속 울면서 신앙의 발전을 보지 못합니다.

그러므로 여러분이 혼을 깨뜨리고 재교육시켜서 영에게 순복하는 신앙생활을 하게 될 때에 여러분은 진실로 믿음과 성령의 인도로 살게 되어 젖과 꿀이 흐르는 가나안 땅에 유유히 들어갈 수 있게 되는 것입니다.

01_ 인간이 가지고 있는 두 가지 지식
02_ 감각적 지식과 계시적 지식을 따라 산 사람들
03_ 우리의 삶
04_ 계시적 지식을 따라 살아가기

3장

육체로
사는
사람

"이는 우리가 믿음으로 행하고 보는 것으로 행하지 아니함이로라"

고후 5:7

눈이 아무리 밝다 하더라도 눈으로 소리를 들을 수는 없습니다. 아무리 잘 들리는 귀를 가졌다 할지라도 귀로 볼 수는 없습니다. 이렇듯 혼魂이 아무리 밝은 이성理性과 해박한 지식을 가지고 있을지라도 그것은 지적知的인 세계에만 영향력을 끼칠 수 있고 영적靈的인 세계는 미치지 못합니다. 영적인 세계는 영을 통해서만 관계를 맺을 수 있습니다.

세상의 높은 지성인들이 하나님에 대해서 전혀 알

지 못하는 무신론자나 불가지론자不可知論者가 되는 이유가 바로 거기에 있습니다. 그들의 영이 예수 그리스도를 통하여 살아나기 전에는 영의 일에 대해서 전혀 깨달을 수 없습니다.

이와 같이 인간의 육체는 그 나름대로의 주어진 사명이 있습니다. 육체는 다섯 가지 감각 즉, 보는 것, 듣는 것, 맛보는 것, 냄새 맡는 것, 만져서 느껴지는 것을 통하여 물질세계에 대한 정보를 우리의 혼이성과 지성에 전달합니다.

오늘 인간의 과학적 지식은 이와 같은 감각을 통하여 얻은 것입니다. 그렇기 때문에 유명한 영국의 물리학자였던 뉴턴 같은 사람도 "보는 것만 믿을 수 있다."라는 말을 했던 것입니다. 현대과학은 육체의 감각을 통해 얻은 자연의 정보를 인간의 이성과 지성으로 체계화한 것이므로 영에 대한 것, 하나님에 대한 것을 전혀 알 수 없을뿐더러 평론할 자격조차 없는 것입니다.

그러면 육체로 사는 사람은 어떤 사람일까요? 오

로지 감각에 의존해 사는 사람이 육체로 사는 사람입니다. 그들은 눈으로 보고, 귀로 듣고, 코로 냄새 맡고, 손으로 만져 느껴지는 것에 의해 깨닫고, 이해하고, 믿고, 좇아서 삽니다. 대개 감각적 세계란 변화무쌍하고 시시각각으로 유동流動합니다. 그렇기 때문에 감각적인 인간은 중심을 잡지 못하고 요동하는 물결 같아서 불안과 초조가 꽉 들어차고 공포에 떨며 삽니다. 이제 감각적으로 사는 사람과 영적으로 사는 사람을 대조해 보여 드리겠습니다.

01.
인간이 가지고 있는 두 가지 지식

감각적 지식

인간이 가지고 있는 지식은 두 가지인데 하나는 감각적 지식이고 다른 하나는 계시적 지식입니다.

감각적 지식이란 감각에 의한 관찰을 통하여 우리의 혼 즉, 마음이 정리한 것이며 과학적 지식도 이에 속합니다.

오늘날 우리들은 교육기관은 유치원부터 대학까지 감각적인 지식을 전달하기 때문에 일반적인 사람은 완전히 육체의 감각을 통해 삶을 살아갑니다. 그들은 오감五感을 통해 얻는 지식 이외의 것은 전혀 믿으려고 하지 않습니다. 감각적인 사람은 하나님의 일을 결코 받아들이지 않을 뿐만 아니라 받아들일 수도 없습니다. 그러한 사람은 눈으로 보고, 코로 냄새 맡고, 귀로 듣고, 맛보고 만져서 이성으로 정리할 수 없는 것은 모두 의심하도록 훈련되어 있습니다. 그러므로 감각적인 교육을 받은 사람은 영적인 세계, 하나님에 대해서는 의심을 가집니다.

예수님을 믿는 사람이라 하더라도 감각에 의존하게 될 때 그러한 사람의 신앙은 파탄에 이르고 맙니다. 예수님의 제자 중 한 사람인 도마를 봅시다. 도마는 감각적인 사람이었습니다. 예수님께서 제자들에게 당신이 십자가에 달려 돌아가신 후 사흘 만에 부활하실 것을 거듭거듭 말씀하셨습니다. 그 말씀대로 예수님께서 십자가에 못 박혀 돌아가신 지 사흘 만에 부활하셔서 제자들에게 나타나셨습니다.

마침 그 자리에 없었던 도마가 돌아왔을 때 예수님을 만났던 제자들이 그 사실을 말하자 도마는 이렇게 말했습니다.

"나는 창에 찔린 예수님의 옆구리에 손을 넣어 보고, 못자국난 손에 손가락을 넣어 보지 않고는 예수님의 부활을 믿을 수 없어."

도마는 감각주의자였습니다. 그는 눈으로 보고, 귀로 듣고, 코로 냄새 맡고, 혀로 맛보고, 손으로 만져서 느껴질 수 있는 것만 믿고 그 이외의 것은 믿지 못했던 것입니다.

한 주일이 지난 후 도마도 다른 제자들과 함께 있을 때 그 자리에 예수님께서 손을 내미시면서 말씀하셨습니다.

"도마야, 네 손을 내밀어 내 옆구리와 손을 만져

보아라. 그리고 믿음 없는 자가 되지 말고 믿음 있는 자가 돼라."

도마는 부활하신 예수님을 눈으로 보고, 그의 음성을 듣고 손을 내밀어 만져 본 다음 "나의 주님, 나의 하나님이시여." 하고 그 앞에 엎드렸습니다. 그때 예수님은 말씀하셨습니다.

"네가 나를 본고로 믿느냐. 내가 진실로 너희에게 이르노니 보지 않고 믿는 자가 더 복이 있느니라."

주님께서는 감각으로 체험한 뒤에야 믿겠다는 사람은 복이 없는 사람이라고 하셨습니다.

어떤 성도님들은 감각적인 체험에 서서 하나님을 깨닫고 알려고 하는데 그렇게 되면 감각적인 사람이 되어 의심이 점점 더 많이 생기게 됩니다. 우리가 믿음으로 말미암아 알고, 아는 대로 실천할 때 체험이 뒤따르게 되는 것입니다.

계시적 지식

인간에게는 감각적인 지식 이외에도 계시적인 지식이 있습니다. 계시적인 지식은 감각적인 관찰을 통하여 얻거나 이성이나 지혜로 말미암아 얻게 되는 것이 아닙니다. 계시적인 지식은 하나님께서 성령을 통하여 직접 우리의 영 속에 넣어 주시는 진리입니다. 그러므로 참된 지식은 감각적인 지식이 아니라 계시적인 지식입니다.

창세기부터 요한계시록까지의 성경말씀은 하나님께서 성령을 통하여 우리에게 계시적으로 주시는 지식을 기록한 책입니다. 그렇기 때문에 우리의 신앙적 지식은 감각적인 지식이 아니고 계시적인 지식입니다. 우리는 성경에 있는 말씀의 계시를 통해 믿음으로 깨닫고 믿음으로 행하여 하나님의 역사와 기적을 체험합니다.

사람들은 하나님께서 지으신 삼라만상을 감각으로 체험하면서도 하나님이 살아계심을 인정하지 않습니다. 나의 이성적인 지식으로는 이제 초등학교에 막 들어간 학생에게도 하나님이 살아계심을 말해줄 수 없습니다. 그러나 그가 계시적으로 받아들이면 얼마든지 설명해 줄 수 있습니다.

성경에 "하나님의 어리석음이 사람보다 지혜롭고 하나님의 약하심이 사람보다 강하니라"고전 1:25고 기록하였습니다. 하나님의 광대한 지식을 인간의 감각으로는 다 깨달아 알 수 없습니다.

우리 하나님께서는 우리에게 계시적인 지식을 통하여 인간의 근원과 존재 이유, 삶의 가치, 목적, 영생, 역사의 종말, 하나님의 섭리 등을 가르쳐 주십니다. 인간의 감각적 지식으로는 이러한 사실을 깨달을 수 없습니다. 이것은 오직 하나님의 성령을 통하여 우리 영 속에 계시되는 것입니다.

세상의 모든 학문은 감각적인 지식을 통하여 얻습니다. 실험하고 체험한 뒤에 얻는 지식입니다. 그러나 하나님의 말씀은 실험과 체험으로 얻어지지 않습니다.

하나님은 진리이십니다. 하나님은 절대 주권자이십니다. 만물은 하나님께로부터 나왔습니다. 하나님께서는 당신의 성령을 통하여 우리에게 말씀하셨습니다. 그 말씀이 성경입니다.

그러므로 주님을 믿는 신앙인들은 성경말씀을 계시적인 지식으로 받아들여 하나님께서 성경에 말씀하셨으면 저 하늘이 무너지고 이 땅이 꺼져도 일점일획도 변하지 않고 그대로 다 이루어질 줄 믿고 실천해야 합니다. 말씀을 믿고 실천한 결과 맺게 된 열매가 살아계신 하나님의 영광을 증명해 줍니다. 믿은 다음 그 말씀대로 이루어지는 것을 알게 되고 그래서 믿음에서 더 깊은 믿음으로 들어가는 것입니다.

그렇기 때문에 오늘 예수님을 믿는 사람은 감각을 추구할 것이 아니라 하나님의 말씀을 추구해야 합니다. 로마서 10장 17절에 "믿음은 들음에서 나며 들음은 그리스도의 말씀으로 말미암았느니라"고 말씀하셨습니다. 우리가 하나님의 계시적 지식의 말씀을 들을 때 하나님의 성령께서 우리의 영 속에 믿음을 넣어줍니다. 많은 사람들이 이같이 말씀합니다.

"목사님, 저는 아직 아무것도 모릅니다. 무엇을 알아야 믿지요."

여러분, 알고 믿는 것이 아닙니다. 여러분은 믿고 난 다음에 알게 되는 것입니다. 성령으로 말미암아 우리는 마음속에 예수 그리스도가 하나님의 아들인 것과 우리 죄를 대신 짊어지고 십자가에 못 박혀 돌아가시고 사흘 만에 부활하시어 승천하신 것을 믿고, 십자가의 보혈로 죄 씻음 받은 것을 믿게 됩니다. 성령이 우리 속에 들어오면 성령을 통하여 우리는 묵시적인 지식을 깨닫기 시작하는 것입니다.

그리고 우리는 성경 공부를 통하여, 주일, 수요일 설교 말씀을 통하여, 금요일 구역 예배를 통하여 우리의 영 속에 하나님의 계시적인 지식을 쌓게 됩니다. 계시적인 지식이 많아지면 많아질수록 여러분은, 눈에 아무 증거 보이지 않고, 귀에는 아무 소리

안 들리고, 손에 잡히는 것 없이 내 앞길 칠흑같이 어두워도 환경에 좌우되지 아니하고 하나님의 계시적인 지식 위에 굳게 서서 믿음으로 말미암아 운명과 환경을 지배하게 되는 것입니다.

02.
감각적 지식과
계시적 지식을 따라 산 사람들

성경말씀 가운데 보면 감각적으로 산 사람이 있고 계시적인 지식을 따라 산 사람도 있습니다. 감각적인 지식을 따라 산 사람마다 낭패에 이르렀으나 계시적인 지식을 좇아 산 사람은 역사와 운명을 변화시켰던 것입니다.

감각적 지식을 따라 산 사람들

모세가 인도하는 이스라엘 백성들이 바란 광야 가데스에 도착했을 때입니다. 모세가 앞으로 이스라엘 백성들이 들어가게 될 젖과 꿀이 흐르는 땅에 12명의 정탐꾼을 보냈습니다. 정탐을 하고 돌아온 열 두 사람의 정탐꾼 중 열 사람과 나머지 두 사람의 보고는 전혀 다른 것이었습니다. 열 사람의 정탐꾼은 하나님의 계시적인 말씀을 가지고 사물을 보지 아니하고 인간의 오감을 통해 사물을 바라보았습니다. 사람이 어떤 안경을 끼었느냐에 따라 사물은 전혀 다르게 보입니다. 파란 안경을 끼고 사물을 보면 파랗게 보이고, 빨간 안경을 끼고 세상을 바라보면 불바다가 된 것같이 보입니다. 이처럼 감각적인 지식으로 사물을 바라보면 감각의 척도로 해석을 하게 됩니다. 40여 일 동안 가나안 땅을 탐지하고 돌아온 열 두 사람의 정탐꾼 중 열 사람은 감각적인 척도로 본 대로 보고를 하였습니다.

"사십 일 동안 땅을 정탐하기를 마치고 돌아와 바란 광야 가데스에 이르러 모세와 아론과 이스라엘 자손의 온 회중에게 나아와 그들에게 보고하고 그 땅의 과일을 보이고 모세에게 말하여 이르되 당신이 우리를 보낸 땅에 간즉 과연 그 땅에 젖과 꿀이 흐르는데 이것은 그 땅의 과일이니이다 그러나 그 땅 거주민은 강하고 성읍은 견고하고 심히 클 뿐 아니라 거기서 아낙 자손을 보았으며 아말렉인은 남방 땅에 거주하고 헷인과 여부스인과 아모리인은 산지에 거주하고 가나안인은 해변과 요단 가에 거주하더이다"
민 13:25~29

"그와 함께 올라갔던 사람들은 이르되 우리는 능히 올라가서 그 백성을 치지 못하리라 그들은 우리보다 강하니라 하고 이스라엘 자손 앞에서 그 정탐한 땅을 악평하여 이르되 우리가 두루 다니며 정탐한 땅은 그 거주민을 삼키는 땅이요 거기서 본 모든 백성은 신장이 장대한 자들이 거기서 네피림 후손인 아낙 자손의 거인들을 보았나니 우리는 스스로 보기에도 메뚜기 같으니 그들이 보기에도 그와 같았을 것이니라 온

3장 육체로 사는 사람

회중이 소리를 높여 부르짖으며 백성이 밤새도록 통곡하였더라 이스라엘 자손이 다 모세와 아론을 원망하며 온 회중이 그들에게 이르되 우리가 애굽 땅에서 죽었거나 이 광야에서 죽었으면 좋았을 것을 어찌하여 야훼가 우리를 그 땅으로 인도하여 칼에 쓰러지게 하려 하는가 우리 처자가 사로잡히리니 애굽으로 돌아가는 것이 낫지 아니하랴" 민 13:31~14:3

감각적인 지식을 가진 사람의 보고를 보십시오. 하나님께서는 분명히 이스라엘 백성들에게 말씀하시기를 "젖과 꿀이 흐르는 가나안 땅을 너희에게 주었다."고 하셨습니다. 하나님께서 문을 열어 놓으면 닫을 자가 없고, 하나님께서 닫아 놓으면 열 자가 없습니다. 하나님께서 높인 사람을 낮출 수 없고, 하나님께서 낮춘 사람은 높일 수 없습니다. 누가 하나님을 대적하여 이길 수 있겠습니까.

열 사람의 정탐꾼들은 하나님의 계시적인 지식을 받았음에도 불구하고 그것을 저버리고 감각적으로 보았습니다. 그래서 성은 높고 골은 깊고 그곳에 있는 백성들은 장대하고 자기들은 메뚜기 같아서 갔다가는 다 사로잡히고 말 것이라는 잘못된 보고를 했습니다. 이 보고를 들은 이스라엘 백성들은 간담이 서늘하여 하나님과 모세를 원망하고 불평했습니다. 그 결과 하나님의 진노로 이스라엘 백성들은 광야에서 40년 동안 방황하게 되었고 애굽에서 나온 이스라엘 백성들 중에 일대一代는 모두 가나안 땅을 눈앞에 두고도 광야에서 죽고 말았습니다.

계시적 지식을 따라 산 사람들

여호수아와 갈렙도 열 정탐꾼과 같이 자고, 같은 길을 걷고, 같은 곳을 보고 왔지만 이들은 감각적인 척도로 가나안을 보지 아니하고 계시적인 척도로 가나안을 보았습니다. 그러므로 여호수아와 갈렙은 이같이 말했습니다.

"우리가 올라가자. 야훼께서 기뻐하시면 우리가 그 땅을 점령할 것이라. 저들은 우리의 밥이라."

여호수아와 갈렙은 열 정탐꾼과는 완전히 다른 눈으로 보았습니다. 그들은 하나님의 계시적인 지식으로 사물을 보았고 그 결과 그들만이 가나안 땅에 들어가는 축복을 받았던 것입니다.

여러분이 인생을 바라볼 때 감각적인 눈으로 바라보면 절망하고 맙니다. 그러나 하나님의 계시적인 지식의 말씀 위에 서서 바라보게 되면 이렇게 말할 수 있습니다.

"할 수 있거든이 무슨 말이냐 믿는 자에게는 능히 하지 못할 일이 없느니라" 막 9:23

어둠에서 빛을, 무질서에서 질서를, 죽음에서 생명을, 추함에서 아름다움을 창조한 위대한 하나님이 우리와 같이 계시고 하나님의 계시적인 지식 위에 서게 되면 우리들은 운명과 환경을 정복하는 믿음과 말씀을 가지고 나갈 수 있습니다.

오늘 사람들이 교회에 나오는 이유가 어디에 있는

줄 아십니까? 감각적인 지식을 가지고 환경에 짓눌리어 절망적인 상황에 처한 사람들이 예수님을 믿고 하나님 앞에 나아와 하나님께로부터 계시적인 지식을 얻고 하나님의 능력을 믿음으로 말미암아 행하고 전진하여 운명과 환경을 변화시킬 수 있기 때문입니다.

여러분이 교회에 나오면 삶의 척도가 달라집니다. 여태까지는 감각의 척도로 살아왔지만 예수님을 믿고 교회에 나오기 시작한 후부터는 감각적인 지식의 척도로 살지 않습니다. 이제는 하나님께서 예수 그리스도를 통해 우리에게 주신 위대한 묵시적인 지식의 척도로 삽니다. 내가 예수 그리스도 안에서 어떤 사람이 되었는가를 믿음으로 받아들이고 "믿습니다"로 믿고 니가 기적을 창조합니다.

성경에 보면 환경을 감각적으로 바라보지 않고 하나님의 계시적인 지식을 받아 운명을 정복한 사람이 있습니다. 그의 이름은 요나입니다. 하나님께서 니느웨에 가서 예언을 하라고 말씀하셨습니다. 그런데 요나는 하나님의 말씀을 거역하고 니느웨와는 정반대 방향인 다시스로 가는 배를 타고 가다가 풍랑을 만났습니다. 풍랑이 일게 된 원인이 요나에게 있었으므로 그는 자기를 물속으로 던지도록 하였습니다. 요나는 큰 물고기 뱃속으로 들어가게 되었습니다. 그는 그곳에서 3주야를 고생하다가 회개를 했습니다.

하나님께서는 의인만을 사랑하시지 않습니다. 왜냐하면 세상에 의인은 하나도 없기 때문입니다. 하나님은 회개하는 사람을 사랑하십니다. 요나가 하나님을 배반하고 심판을 받아 물고기 뱃속에 들어갔으나 그가 회개하자 하나님께서는 그에게 계시를 주었습니다. 그의 회개의 기도가 하늘에 상달되어 하나님께서 요나에게 제2의 기회를 주셔서 물고기 뱃속에서 나와 니느웨로 가서 예언할 것을 계시해 주었습니다.

그러나 요나는 시련에 봉착했습니다. 물고기 뱃속에 있는 요나에게는 눈앞이 캄캄하고 아무것도 보이지 않고, 들려오는 소리는 물고기의 심장이 뛰는 소리뿐입니다. 그리고 퀴퀴한 냄새만 나고 입에는 신맛이 돕니다. 손으로 만져보아도 물고기의 위胃만 만져집니다. 감각적으로 생각할 때 지중해 바다 속에 있는 큰 물고기에게 소화되어질 수밖에 없습니다.

그런데 그에게 하나님의 계시적인 지식이 임하였습니다. 하나님께로부터 "내가 너의 기도를 들었다. 너를 용서하마. 너는 물고기 뱃속에서 나와 니느웨로 가서 예언할 것이다."라는 계시를 받았습니다. 요나는 감각적인 지식, 계시적인 지식 어느 것에 의존해야 했을까요? 요나는 '이것이냐, 저것이냐'의 결단을 내려야 했습니다. 오늘날 여러분도 요나처럼 결단을 내려야 할 때를 수없이 당합니다. 여러분의 가정생활, 사업, 사회생활에서 감각적 지식과 계시적 지식이 상반될 때 여러분은 어느 지식에 의존하겠습니까?

최근에 요나처럼 감각적 지식과 계시적 지식이 어긋나 시련에 빠진 사람으로부터 편지를 받았습니다.

"목사님, 저는 사업을 하고 있습니다. 지금 빚을 내어서 공장을 돌리고 있습니다. 수입이 전혀 없는데도 십일조를 바쳐야 합니까?"

이 사람은 감각적인 음성에 귀를 기울인 사람입니다. 수입이 없다면 그와 그의 가족들은 무엇으로 먹고 삽니까? 굶지는 아니할 것이 아닙니까? 수입이 있으니까 먹고 생활합니다. 그러므로 십일조도 드려야 합니다. 그런데 십일조 드리는 것이 아까운 생각이 들어 빚을 내어 쓴다는 핑계를 대는 것입니다. 사업이 잘되어 빚을 다 갚으면 십일조를 내겠다는 사람은 사업이 잘되기 위한 하나님의 도우심을 받기는 틀렸습니다. 성경에 이같이 기록되어 있습니다.

"온전한 십일조를 창고에 들여 나의 집에 양식이 있게 하고 그것으로 나를 시험하여 내가 하늘 문을 열고 너희에게 복을 쌓을 곳이 없도록 붓지 아니하나 보라" 말 3:10

감각적인 지식은 "현재 환경을 보아라."고 말할 것입니다. 그러나 영적인 지식은 이렇게 말할 것입니다.

"수입 중에 십일조를 하나님께 드려 내 창고에 양식이 있게 하고 내가 하늘 문을 열고 복을 쌓을 곳이 없도록 붓지 아니하나 보라."

감각적인 지식, 계시적인 지식 이 두 가지 중에서 우리는 한 가지를 택해야 합니다.

우리 집 둘째가 감각적인 지식과 하나님의 계시적인 지식으로 고민하는 것을 보았습니다. 둘째가 태권도를 배우고 있는데 주일에 국기원서 있을 심사에 참가해야 단을 딸 수 있답니다. 토요일 저녁부터 둘째가 고민하면서 내게 물었습니다.

"아버지, 국기원에서는 주일에만 심사를 한대요. 국기원의 심사를 받아야 단을 딸 수 있어요. 내일은 주일인데 교회에도 가야 되고 또 심사를 받아 단도 따고 싶으니 어쩌면 좋아요?"

내가 아무 말을 안 하니까 혼자 중얼중얼합니다.

"예배는 언제나 드릴 수 있으나 태권도 심사는 주일뿐이니 한 주일쯤 빼먹어도 괜찮을 거야."

"아니야. 주일은 하나님께 경건하게 예배드리는 날인데 빼먹으면 안 돼."

"아! 심사를 받고 단을 따고 싶으니 하나님께서 봐주실 거야."

"안 돼! 그러다가 하나님한테 혼나면 어떻게 하지?"

둘째가 주일 아침까지도 고민을 하기에 내가 비로소 판결을 내려주었습니다.

"너는 태권도 단을 못 따도 괜찮다. 태권도 단을 따지 않아도 살아갈 수 있지 않니? 그러나 하나님을 섬기지 않으면 못 산다. 인생을 살아가는 데 있어서 가장 중요한 것은 하나님을 섬기는 일이다. 살아가면서 하나님을 섬기는 일에 방해되는 것이면 태권도보다 중요한 일이라도 다 포기해야 된다."

이 일은 둘째에게 '이것이냐, 저것이냐'를 결정할 때 묵시적 지식을 따라야 됨을 가르쳐 줄 수 있는 좋은 기회가 되었습니다.

우리 함께 요나의 고민을 한번 들어 봅시다.

"내가 산의 뿌리까지 내려갔사오며 땅이 그 빗장으로 나를 오래도록 막았사오나 나의 하나님 야훼여 주께서 내 생명을 구덩이에서 건지셨나이다 내 영혼이 내 속에서 피곤할 때에 내가 야훼를 생각하였더니 내 기도가 주께 이르렀사오며 주의 성전에 미쳤나이다 거짓되고 헛된 것을 숭상하는 모든 자는 자기에게 베푸신 은혜를 버렸사오나 나는 감사하는 목소리로 주께 제사를 드리며 나의 서원을 주께 갚겠나이다 구원은 야훼께 속하였나이다 하니라 야훼께서 그 물고기에게 말씀하시매 요나를 육지에 토하니라" 욘 2:6~10

여기 요나가 말한 감각적인 지식을 보십시오.

"내가 산의 뿌리까지 내려갔사오며 땅의 그 빗장으로 나를 오래도록 막았사오나"

감각적인 지식으로는 요나에게 소망이 없었습니다. 그럼에도 불구하고 요나에게 계시적인 지식이 임했습니다. 그래서 요나는 이같이 말했습니다.

"나의 하나님 야훼여, 주께서 내 생명을 구덩이에서 건지셨나이다. 내 영혼이 내 속에서 피곤할 때에 내가 야훼를 생각하였삽더니 내 기도가 주께 이르렀사오며 주의 성전에 미쳤나이다."

요나의 감각은 말합니다.

"이 사람아, 너는 산의 뿌리까지 내려왔어. 이젠 죽었다. 바다 풀이 너의 머리를 덮고 있어."

그러나 계시적인 지식은 "하나님께서 나를 건졌다. 너의 기도가 상달되었다."라고 말했습니다. 요나는 감각적인 지식을 따를 것이냐 계시적 지식을 따를 것이냐로 몸부림쳤습니다. 그러다가 요나는 놀라운 결정을 내렸습니다. 그는 감각적인 것을 보고 거짓되고 헛된 것이라 말했습니다.

"귀에 물고기의 심장이 뛰는 소리가 들려와도 그것은 거짓되고 헛된 것입니다. 퀴퀴한 냄새가 나도 그것은 거짓되고 헛된 것입니다. 입에 신맛이 돌아도 그것은 거짓되고 헛된 것입니다. 물고기의 위胃가 만져져도 그것은 거짓되고 헛된 것입니다. 이런 것을 숭상하는 자는 하나님께서 베풀어 주시는 은혜를 잃어버리고 맙니다. 나는 거짓되고 헛된 것을 숭상하지 아니하고 감사하는 목소리로 주께 제사를 드리며 나의 서원을 주께 갚겠나이다. 구원은 야훼께로서 말미암나이다."

요나가 이와 같이 말하자 하나님께서 감격하셔서 물고기에게 명하매 물고기가 요나를 육지에 토하고 말았습니다. 여러분들도 하나님의 계시적인 지식을 받았으면 여러분의 감각적인 지식과 어긋난다 하더라도 요나처럼 "나는 거짓되고 헛된 것을 숭상하지 아니한다. 나는 하나님께 감사한다."라고 말하며 믿

3장 육체로 사는 사람

음 위에 서게 되시기를 주님의 이름으로 축원합니다. 이러한 사람은 하나님을 감동케 합니다. 하나님께서는 이러한 사람들을 향하여 말씀하십니다.

"너는 그 병의 물고기 뱃속에서 나오라. 그 부진한 사업의 물고기 뱃속에서 나오라. 시련의 물고기 뱃속에서 나오라."

오늘 거짓되고 헛된 것을 숭상하는 성도들이 얼마나 많은지 모릅니다. 세상을 살아가노라면 감각은 거짓되고 헛될 때가 얼마나 많은지 모릅니다. 마귀는 우리를 도적질하고 죽이고 멸망시키기 위해 우리 마음 가운데 의심하게 하고 불안과 공포를 주며 좌절하게 하고 죄책으로 덮어씌웁니다. 우리가 감각을 따라가면 하루에 열두 번도 더 절망하게 됩니다. 그러나 그때마다 우리는 하나님의 계시적인 지식을 받아서 "이 거짓되고 헛된 것아. 성경은 그렇게 말하고 있지 않다. 나사렛 예수 이름으로 물러가라!" 하고 감각적 지식을 물리치면 승리를 얻을 수 있게 될 것입니다.

만일 여러분이 병으로 고생하고 있다면 감각적 지식은 "지금 몹시 아프고 괴롭다."고 말할 것입니다. 그러나 성경은 뭐라고 말씀하고 있습니까?

"그가 채찍에 맞음으로 너희는 나음을 얻었나니" 벧전 2:24

그러므로 감각적으로 아프고 괴롭더라도 하나님의 계시적인 지식의 말씀을 택하여 "저가 채찍에 맞음으로 내가 나음을 입었다. 거짓되고 헛된 것아, 네가 아무리 나를 괴롭게 해도 나는 건강한 사람이다." 하고 믿음으로 나가십시오. 그리할 때 하나님께서 감동하셔서 "네 믿음대로 될지어다."라고 말씀하실 것입니다. 믿음이란 바로 말씀 위에 서서 나가는 것을 말합니다.

03.
우리의 삶

 감각에서 오는 정보(情報)와 혼의 이성적인 지식이, 영이 받은 하나님의 말씀과 어긋나지 않을 때 우리들은 그것을 받아들여야 합니다. 감각적인 지식, 혼의 이성적인 지식과 지혜가 무조건 다 나쁘다는 것은 아닙니다.
 여러분, 사람은 영이 혼을 지배하면서 육체 속에 삽니다. 그러므로 육체의 감각적인 정보와 혼의 이성적인 지식과 지혜가 하나님 말씀에 어긋나지 않으면 그것을 모두 받아들여야 합니다. 그러나 감각적인 정보나 혼의 이성과 지식이 하나님 말씀과 어긋날 때에는 혼을 재교육시키고 육체의 감각을 무시해야 됩니다.
 영은 사람의 주인이고 혼은 영의 지배를 받으면서 육체 속에 살고 있습니다. 주인이 줏대가 서야 종을 부리고 육체를 다스리며 살지, 그러지 않고 육체의 말을 들었다가 혼의 말에 귀를 기울이면 정신을 차릴 수 없게 됩니다. 오늘날 너무나 많은 성도들이 주인인 영의 방황으로 인하여 올바른 신앙생활을 하지 못하고 있습니다.

결혼 시즌이 되면 나는 토요일마다 적어도 한 건 이상의 결혼 주례를 합니다. 하루는 에베소서에 있는 "아내들이여 자기 남편에게 복종하기를 주께 하듯 하라 이는 남편이 아내의 머리됨이 그리스도께서 교회의 머리됨과 같음이니 그가 바로 몸의 구주시니라"엡 5:22~23라는 말씀을 읽고 결혼 주례 설교를 했습니다.

"어느 집안에도 머리가 둘 있을 수 없다. 머리는 하나가 있어야 한다. 그래야 집안이 편안하다. 남편은 하나님이 세운 머리이다. 부인이 비록 남편보다 지식이 많고 더 똑똑하다 할지라도 그것을 남편 받드는 데 써야 한다. 부인이 머리가 되려고 해서는 아니 된다."

여기까지 말하니까 고개를 숙이고 있던 신부가 고

3장 육체로 사는 사람

개를 들면서 나를 향해 눈을 흘기지 않습니까? 아마 내 말을 중단하라고 신호를 보내는 모양인데 그것을 보자 그만 진땀이 나면서 간이 덜컹 내려앉는 것 같았습니다.

그 신부는 내가 신랑 신부 상견례를 시키니까 신랑에게 뒤로 물러가라고 말합니다. 자리에 앉은 내빈들은 그 소리를 못 들었지만 주례하기 위해 서 있는 내게는 조그마한 소리도 다 들립니다.

식이 끝나고 난 뒤 사회가 "신랑, 신부 퇴장!" 하니까 또 신부가 신랑에게 퉁명스럽게 "팔 내미세요." 합니다. 신랑이 팔을 내미니까 팔을 끼고 같이 퇴장하는데 결혼식 날부터 신부에게 꼼짝 못하는 신랑을 보니까 입맛이 썼습니다.

감각적 지식이 현실을 어떻게 말하든 간에 성경말씀에 부합되지 않으면 감각적 지식을 성경말씀에 굴복시켜야 합니다. 아브라함은 바로 이러한 생활을 한 사람입니다. 아브라함의 나이 100세이고 아내 사라의 나이 90세입니다. 감각적으로 볼 때는 그들이 자식을 가질 수는 없습니다. 아브라함의 몸이 죽은 것 같고 사라의 태가 죽은 것과 같았기 때문입니다. 그즈음 하나님께서 그들에게 계시적인 지식의 말씀을 주셨습니다.

"명년 이맘때 아들을 낳겠다."

기가 막히는 말씀입니다. 감각적 지식으로는 전혀 자식을 가질 수 없는데 하나님의 계시적 지식이 임하여 자식이 있겠다고 하니 말입니다. 자, 아브라함은 어느 지식을 택했을까요? 성경에 보면 "아브라함이 바랄 수 없는 중에 바라고 믿었으니"롬 4:18라고 기록하고 있습니다. 아브라함은 하나님께서 약속하신 말씀대로 이루어질 줄 믿었습니다. 하나님께서는 "그 믿음이 의로 여겨졌다 하노라"롬 4:9고 성경에 말씀하고 있습니다. 그는 감각과 이성이 하나님의 계시적 지식에 상반될 때 단호히 하나님의 계시적 지식의 편에 섰던 것입니다.

04.
계시적 지식을 따라 살아가기

"십자가의 도가 멸망하는 자들에게는 미련한 것이요 구원을 받는 우리에게는 하나님의 능력이라" 고전 1:18

"유대인은 표적을 구하고 헬라인은 지혜를 찾으나 우리는 십자가에 못 박힌 그리스도를 전하니 유대인에게는 거리끼는 것이요 이방인에게는 미련한 것이로되 오직 부르심을 받은 자들에게는 유대인이나 헬라인이나 그리스도는 하나님의 능력이요 하나님의 지혜니라 하나님의 어리석음이 사람보다 지혜롭고 하나님의 약하심이 사람보다 강하니라" 고전 1:22~25

"육에 속한 사람은 하나님의 성령의 일들을 받지 아니하나니 이는 그것들이 그에게는 어리석게 보임이요, 또 그는 그것들을 알 수도 없나니 그러한 일은 영적으로 분별되기 때문이라" 고전 2:14

감각적인 정보와 혼적 이성은 오직 영을 보좌하는 자리를 지켜야만 합니다. 그 자리를 떠나 하나님의 말씀과 영을 지배하려고 할 때 그 개인과 그 가정과 그 사회와 그 세계는 비극에 빠지고 맙니다. 오늘 세계가 비극에 빠지고 혼돈의 와중에 있는 까닭이 바로 여기에 있습니다. 감각적인 것과 혼이 하나님과 영을 짓밟고 주인 노릇을 하기 때문에 이 세계가 이처럼 엉망입니다.

우리는 육체나 혼을 다스리고 영으로 살아야 됩니다. 오늘 이 시간 이후부터 여러분들은 감각적인 지식이 계시적 지식과 일체될 때에는 그것을 받아들이십시오. 그러나 감각적 지식이 하나님의 계시적 지식과 일치하지 않을 때는 요나처럼, 아브라함처럼, 단호하게 하나님의 계시적 지식 위에 서서 현실을 타개해 나감으로써 종국적으로 위대한 기적과 승리를 가져오게 되시기를 주님의 이름으로 축원합니다.

01_ 육신의 사람
02_ 신령한 사람
03_ 신령한 사람으로 살아가기

4장

육신의 사람과 **신령**한 사람

"육신을 따르는 자는 육신의 일을, 영을 따르는 자는
영의 일을 생각하나니 육신의 생각은 사망이요
영의 생각은 생명과 평안이니라 육신의 생각은 하나님과 원수가 되나니
이는 하나님의 법에 굴복하지 아니할 뿐 아니라 할 수도 없음이라
육신에 있는 자들은 하나님을 기쁘시게 할 수 없느니라
만일 너희 속에 하나님의 영이 거하시면 너희가 육신에 있지 아니하고
영에 있나니 누구든지 그리스도의 영이 없으면 그리스도의 사람이 아니라"

롬 8:5~9

같은 사람을 두고도 사람을 평가하는 척도에 따라 그 분류가 달라집니다. 인류학자의 분류와 사회학자의 분류가 같을 수 없고, 의학자와 심리학자가 보는 눈이 다를 수밖에 없습니다.

그러면 하나님께서 인간을 보실 때 어떻게 분류하여 보실까요? 성경에는 인간을 육신의 사람과 영의 사람으로 분류하고 있습니다. 그리고 이 육신의 사람은 거듭나지 않으면 결코 영의 사람이 될 수 없고, 하늘나라도 볼 수 없다고 규정하고 있습니다. 그러므로 육신의 사람은 그대로 살면 반드시 멸망 받게 되고 만다고 성경은 가르치고 있습니다.

그러면 사람이 왜 육신의 사람과 영의 사람으로 분류되었을까요?

01.
육신의 사람

육신의 사람의 뜻

헬라어에 보면 육신이라는 말이 두 가지가 있습니다. 그 첫째가 '소오마$^{\sigma\omega\mu\alpha}$'로 이것은 생리적인 육체를 말하고, 두 번째는 '사르크스$^{\sigma\alpha\rho\xi}$'로 타락하여 죄악의 성품이 꽉 들어찬 육체를 말합니다.

육신의 사람이 된 이유

하나님께서는 인간을 하나님의 형상과 모양대로 지으셨는데 이러한 인간이 죄성이 가득 찬 부패한 인간으로 변화되고 말았습니다. 왜 이처럼 되었을까요? 하나님의 형상과 모양대로 지음을 받은 아담과 하와는 하나님에 대하여 믿음과 소망과 사랑을 가지고, 순종하며 살도록 되어 있었습니다. 그런데 그들이 마귀의 꼬임에 빠져 하나님께서 먹지 말라던 선악과를 따 먹고 말았습니다. 아담은 하나님 말씀에 순종하기보다는 마귀의 말에 순종하여 하나님을 반역하였습니다.

이 같은 불순종과 반역으로 말미암아 아담과 하와는 하나님으로부터 멀어지고 마귀의 자식이 되었습니다. 그리하여 하나님께서 지으신 그대로의 하나님의 형상과 모양을 닮은 아담과 하와가 아닌, 악마의 자식으로 거듭나고 말았습니다. 이때로부터 시작하여 악마의 성품이 아담과 하와 속에 들어가게 되었던 것입니다.

요한복음 8장 44절에 보면 예수님께서 바리새교인들에게 이같이 말씀하셨습니다.

> "너희는 너희 아비 마귀에게서 났으니 너희 아비의 욕심대로 너희도 행하고자 하느니라 그는 처음부터 살인한 자요 진리가 그 속에 없으므로 진리에 서지 못하고 거짓을 말할 때마다 제 것으로 말하나니 이는 그가 거짓말쟁이요 거짓의 아비가 되었음이라"
> 요 8:44

여기 보면 예수님께서 타락한 인생들을 보시고 "너희는 너희 아비 마귀에서 났다."고 말씀하셨습니다. 아담과 하와가 하나님 말씀을 거역하고 마귀의 말을 받아들이고 순종했을 때 마귀의 자식으로 거듭나고 거짓의 아비·마귀의 종이 되었습니다. 이때로부터 시작하여 인간의 성품 속에는 거짓이 꽉 들어차고 미움과 살상이 가득 차게 되었던 것입니다.

이러므로 오늘날 이 세상에 주를 믿지 아니하고 부패한 육신의 성품으로 사는 사람은 모두 다 하나님의 자식이 아닌 마귀의 자식입니다. 하나님을 아버지로 섬기고 사는 것이 아니라 마귀를 아버지로 섬기며 살도록 영적으로 악마의 성품으로 거듭나고 말았습니다.

육신의 사람의 행위

① 잘못된 영으로 채워짐

먼저 그들 속에는 잘못된 영으로 채워져 있습니다.

"그 때에 너희는 그 가운데서 행하여 이 세상 풍조를 따르고 공중의 권세 잡은 자를 따랐으니 곧 지금 불순종의 아들들 가운데서 역사하는 영이라" 엡 2:2

오늘 하나님께 불순종하고 육신의 정욕과 안목의 정욕, 이 세상의 자랑을 따라 사는 사람들 속에는 공

중 권세를 잡은 자의 영이 들어와 있습니다. 한 지붕 아래서 같은 솥의 밥을 먹고 사는 사람이라도 믿는 자와 믿지 않는 자의 영의 질質은 천국과 지옥의 차이가 있는 것입니다. 믿는 자의 속에는 하나님의 성령이 와서 거하십니다. 그러므로 이들은 하나님에 대해 믿음, 소망, 사랑을 가집니다. 그러나 믿지 않는 자의 속에는 불순종의 아들들 가운데 역사하는 영, 공중의 권세 잡은 악령惡靈이 자리를 잡고 있기 때문에 하나님에 대하여 알지 못하고 깨닫지 못하며 육신의 정욕과 안목의 정욕, 이 세상의 자랑을 따라 살고 있습니다.

지금은 한 집에서 같은 솥의 밥을 먹고 이마를 마주 대하며 살고 있지만 이 육신의 장막 집을 벗는 그 날 각각 영의 정체가 드러나게 됩니다. 성령과 함께 사느냐, 악령과 더불어 사느냐에 따라 천국과 지옥, 영광과 수치, 영생과 영벌永罰로 분별되어지는 것입니다.

② 정욕의 노예가 됨

그러므로 육신의 사람, 다시 말하면 부패한 성품을 가지고 사는 사람은 정욕의 노예가 되어 삽니다. 에베소서 2장 3절에 보면 이같이 기록하고 있습니다.

"전에는 우리도 다 그 가운데서 우리 육체의 욕심을 따라 지내며 육체와 마음의 원하는 것을 하여 다른 이들과 같이 본질상 진노의 자녀이었더니" 엡 2:3

악령은 사람의 마음속에 들어와 육체와 마음의 정욕을 일으킵니다. 악령은 사람들을 육체의 정욕에 따라 살고 마음의 욕심을 따라 살도록 하지, 하나님의 영광을 따라 살도록 만들지 않습니다. 그들은 사람들 마음속을 혼미케 하여 어디에서 와서 무엇 때문에 살며 어디로 가는지를 깨닫지 못하게 하고 항상 썩어질 것만 바라보고 육신의 욕심과 마음의 욕심과 이 세상에 흘러가는 풍조를 따라 살도록 합니다. 그리하여 육신의 사람들은 육체의 일을 서슴지 않고 행하며 사는 것입니다.

갈라디아서 5장 19~21절에 보면 이같이 경고하고 있습니다.

> "육체의 일은 분명하니 곧 음행과 더러운 것과 호색과 우상숭배와 주술과 원수 맺는 것과 분쟁과 시기와 분냄과 당 짓는 것과 분열함과 이단과 투기와 술 취함과 방탕함과 또 그와 같은 것들이라 전에 너희에게 경계한 것 같이 경계하노니 이런 일을 하는 자들은 하나님의 나라를 유업으로 받지 못할 것이요" 갈 5:19~21

육체로 사는 사람은 육체의 열매를 맺고 삽니다. 그들이 육체의 열매 이외의 다른 열매를 맺을 수 없는 까닭은 그들의 뿌리가 타락한 성품 속에 놓여 있기 때문입니다.

하나님이 가장 미워하시는 육신의 일

① 우상숭배

우리가 예수님을 구주로 믿고 영의 사람이 되어도 원수 마귀는 여러분과 나를 종종 육신의 일로 끌어들이려고 합니다. 우리가 이 육신의 올무에 빠지는 날이면 상처를 입게 됩니다.

고린도전서 10장 7~10절에 보면 다음과 같이 기록하고 있습니다.

"그들 가운데 어떤 사람들과 같이 너희는 우상숭배하는 자가 되지 말라 기록된 바 백성이 앉아서 먹고 마시며 일어나서 뛰논다 함과 같으니라 그들 중의 어떤 사람들이 음행하다가 하루에 이만 삼천 명이 죽었나니 우리는 그들과 같이 음행하지 말자 그들 가운데 어떤 사람들이 주를 시험하다가 뱀에게 멸망하였나니 우리는 그들과 같이 시험하지 말자 그들 가운데 어떤 사람들이 원망하다가 멸망시키는 자에게 멸망하였나니 너희는 그들과 같이 원망하지 말라" 고전 10:7~10

주님께서는 성경에 선민 이스라엘 백성들이 마귀의 꼬임에 빠져 육신의 일을 도모하다가 멸망 받은 사건을 들어 우리에게 경고하고 있습니다. 하나님께서 가장 미워하시는 일들이 여러분의 생애 속에 섞여 있으면 그것이 올무가 되어 여러분의 기도가 상달되지 아니하고 하나님의 성령의 역사가 소멸되고, 도적질하고 죽이고 멸망시키는 마귀의 일들이 여러분에게 일어나도록 터를 닦아 주는 것이 됩니다.

주님의 경고하신 말씀에 먼저 우상숭배자가 되지 말라는 말씀이 있습니다.

모세의 인도로 젖과 꿀이 흐르는 땅을 향하여 나아가던 이스라엘 백성들이 시내 산에 도착했습니다. 모세는 하나님께로부터 계명을 받기 위하여 시내 산 꼭대기에 올라갔습니다. 그는 그곳에서 40주 40야를 금식하면서 십계명을 받기까지 하나님 앞에 기다리고 있었습니다. 그동안 산 밑에 있는 이스라엘 백성들은 아론을 중심으로 하여 금송아지를 만들었습니다. 그리고 그 금송아지를 단 위에 올려놓고 제물을 드리고 먹고 마시며 춤추며 금송아지에게 절을 했습니다.

십계명을 받아 산 밑으로 내려온 모세가 이 같은 전경을 보고 십계명이 새겨진 돌판을 금송아지에게 던져 그것을 깨뜨리고 부수어 가루로 만들었습니다. 그날 하나님께서는 우상을 섬긴 이스라엘 백성들에게 경고하시고 그들 중 삼천 명을 죽게 하셨습니다 출 32:6.

오늘 여러분은 말씀하실 것입니다.

"우리는 금송아지나 나무나 돌로 깎아 만든 우상을 섬기지 않습니다."

성경에 보면 '탐하는 자 곧 우상숭배자'엡 5:5라고 말씀하고 있습니다. 오늘 예수님을 믿는 사람들이 금송아지나 돌이나 나무로 깎아 만든 우상을 가지고 있지 않다고 하여 반드시 우상숭배를 하지 않는 자라고 말할 수 없습니다. 왜냐하면 여러분 마음속에 하나님보다 더 사랑하는 것이 있으면 그것이 우상이

4장 육신의 사람과 신령한 사람

기 때문입니다.

　오늘날 사람들은 돈을 하나님보다 더 사랑하여 황금 우상숭배자가 되고 있습니다. 황금을 우상으로 숭배하고 있는 한 하나님의 축복을 받을 수 없습니다. 그 때문에 사람들은 정신적으로 고통과 슬픔과 괴로움 속에 살고 있습니다. 또 다른 사람은 권력을 하나님보다 숭배하고 있습니다. 명예와 지위의 우상숭배자가 있는가 하면 집이 우상이 되어 있는 사람도 있고 의상衣裳이 우상이 되어 있는 사람도 있습니다. 많은 사람들이 돈, 권력, 지위, 명예, 자식, 집, 의상을 하나님보다 더 사랑합니다.

　믿지 않는 사람들은 악의 영에게 지배를 받고 있기 때문에 우상을 섬기는 것이 당연하다고 할 수 있겠지만 오늘 믿는 자들 중에도 우상을 숭배하는 자들이 적지 않습니다. 돈을 하나님보다 사랑하고, 자기를 하나님보다 더 사랑하며 쾌락을 하나님보다 더 사랑하는 시대에 살고 있기 때문에 우리는 우상을 섬기고 있지 않은지 늘 자신을 살펴보아야만 합니다. 만일 우상을 섬기고 있으면 단호하게 그것을 깨뜨려버리고 하나님의 나라와 그리스도의 의를 먼저 구하며 하나님 중심으로 사는 생활로 돌아와야 할 것입니다.

② 간음

그 다음 하나님께서 미워하시는 것은 간음입니다. 오늘날도 하나님께서는 음란과 방탕과 간음을 심판하십니다.

이스라엘 백성들이 가나안 땅으로 오다가 모압 족속을 만났습니다. 모압 족속의 제일祭日에, 모압 족속들이 그들의 신에게 제물을 드리고 먹고 마시며 춤추는 그 자리에 이스라엘 백성들이 끼어들어가 그들도 모압 사람이 섬기는 신에게 절하고 모압 여인들과 간음했습니다. 이를 보신 하나님께서 분노하셔서 염병으로 이스라엘 백성들을 죽게 하셨습니다. 이때 죽은 이스라엘 백성들이 무려 이만 사천 명이 되었습니다 민 25:1.

오늘날 음란과 방탕이 전 세계를 휩쓸고 있습니다. 특히 미국, 구라파 같은 선진국은 성도들 일부도 타락하여 그들 사회에 음란과 방탕이 탁류처럼 흐르고 있습니다. 오늘 이 음란으로 말미암아 수없이 많은 가정이 파괴되고 있습니다. 이러므로 우리들은 스스로 이를 경계하지 않으면 안 됩니다. 우리나라에서도 한 해 동안에 무려 삼만 육천 오백 쌍이 이혼을 하고 있는데 이혼 사유事由의 대부분은 남편이나 아내의 불륜이라고 합니다.

이 마지막 때의 우리들은 우상숭배를 하지 않음으로 영적 간음을 삼갈 뿐만 아니라 육체적인 음행도 삼가야 할 것입니다.

성경은 밝히 말씀하고 있습니다.

"음행을 피하라 사람이 범하는 죄마다 몸 밖에 있거니와 음행하는 자는 자기 몸에 죄를 범하느니라" 고전 6:18

이러므로 주를 믿고 하나님의 은총을 바라고 그

리스도의 강림하심을 기다리는 우리들은 우리의 몸이 하나님의 성전인 것과 하나님의 성령이 우리 안에 있음을 명심하고 창기娼妓와 하나가 되는 일이 없어야겠습니다. 성경에 "둘이 한 몸을 이룰지로다" 창2:24 하였습니다. 만일 어떤 사람이 창기와 연합하면 그는 창기의 몸이 됩니다. 창기가 된 사람 속에 성령이 거할 수 있겠습니까? 그곳에는 악령이 들어오고 성령은 들어오지 않습니다. 그래서 도적질 당하고 죽임을 당하고 멸망을 당합니다. 음행하였다가 하루에 이만 사천 명이 하나님의 심판을 받아 죽은 것처럼 오늘날 수많은 사람들이 음란으로 말미암아 영과 마음과 생활이 죽고 가정이 파괴되고 있습니다. 그러므로 하나님이 미워하시는 간음을 행하는 일이 없도록 해야겠습니다.

③ 주를 시험하는 행위

그 다음 성경에는 "주를 시험치 말라."고 했습니다. 우리가 주님을 믿어 마음속에 하나님이 역사하심에도 불구하고 마귀가 와서 시험을 합니다.

"하나님께서 과연 너희 중에 계시냐?"

그래서 마음을 다하고 정성을 다하고 생명을 다하여 하나님을 사랑하면서도 믿음이 약한 사람은 약한 대로, 강한 사람은 강한 대로 하나님을 시험하기도 합니다. 그러나 이 같은 일은 하나님께서 미워하시는 육의 일입니다.

이스라엘 백성들은 광야에서 과연 하나님이 살아 계시고 그들에게 물을 줄 것인가, 먹을 것을 줄 것인가를 끊임없이 시험했습니다 민 21:5; 출 17:2, 7. 그러다가 광야에서 하나님께로부터 버림을 받고 말았습니다. 그러므로 우리들은 하나님을 믿을 때 하나님을 시험하는 말을 하지 말아야 합니다.

마귀가 예수님을 시험할 때에 그를 성전 꼭대기에 세우고 이같이 말했습니다.

"네가 만일 하나님의 아들이어든 뛰어내리라 기록되었으되 그가 너를 위하여 그의 사자들을 명하시리니

그들이 손으로 너를 받들어 발이 돌에 부딪치지 않게 하리로다" 마 4:6

이 때 예수님께서 마귀에게 "주 너의 하나님을 시험하지 말라" 마 4:7 하시면서 하나님을 시험하려는 마귀의 시험을 물리쳤습니다.

신문지상에 크게 보도되었던 일입니다. 모某 이단 교파에 속하는 한 자매님이 남편에게 하나님이 살아계신 증거를 보여주기 위해 "무슨 독을 마실지라도 해를 받지 아니하며" 막 16:18 라는 성구를 인용하면서 자녀들과 함께 극약을 마셨다가 모두 다 죽었습니다. 성경에 '무슨 독을 마실지라도 해를 받지 아니하며'라고 분명히 기록되어 있는데 그 가족이 죽은 까닭은 무엇일까요? 그러한 일은 하나님을 시험하는 일이기 때문입니다. 하나님의 자녀가 만약 독이 섞인 것을 모르고 먹었을 경우에는 하나님께서 그가 해를 받지 않도록 하실 수도 있을 것입니다. 그러나 사람들 앞에서 시위하기 위하여 그와 같은 일을 하는 것은 하나님을 시험하는 일이기 때문에 하나님께서 같이 하시지 않는 것입니다. 그러므로 우리는 조그마한 일이나 큰 일에나 "정말 하나님이 살아계실까? 진짜로 하나님이 돌봐주실까?"로 하나님을 시험하는 일이 없어야겠습니다.

④ 원망

마지막으로 주님께서 원치 않으신 일은 원망입니다. 민수기 14장 2절 이하에 보면 이스라엘 백성들이 젖과 꿀이 흐르는 가나안 땅 바로 앞에까지 왔다가 원망하여 그 땅에 들어가지 못하고 40년 동안 광야에서 방황하다가 모두 죽은 기사가 기록되어 있습니다.

오늘 원망과 불평은 우리 육체의 건강을 해칠 뿐만 아니라 우리 삶에 무덤을 한 자, 두 자 파게 하고 있습니다. 그러므로 여러분이 설령 원망할 처지에 있다고 할지라도 하나님께 감사를 드리십시오. 육신에 속한 사람과 영에 속한 사람의 다른 점이 무엇인

줄 아십니까? 육신의 사람은 모든 일을 원망의 눈으로 보나 영의 사람은 좋은 일은 좋아서 좋고 나쁜 일도 주님께서 종국적으로 좋게 만들어 주실 것을 믿기 때문에 모든 일을 감사의 눈으로 봅니다. 그래서 원망과 탄식으로 스스로 파멸 당하는 사람이 있는 반면 감사와 찬양으로 말미암아 역경을 오히려 축복의 동기로 삼아 축복받으며 사는 사람이 있는 것입니다.

하나님께서는 우리가 행하기를 원치 않는 네 가지 육신의 일로 경고하고 있습니다.

"우상숭배하지 말라."

"간음하지 말라."

"주를 시험치 말라."

"원망하지 말라."

마귀는 오늘날 파괴적인 네 가지 육신의 일을 가지고 예수님을 믿는 사람이라도 유혹하여 우리를 하나님 앞에서 도적질하고 죽이고 멸망시키려고 합니다. 그러므로 우리는 이 네 가지 육신의 일에 경각심을 가지지 않으면 아니 될 것입니다.

02.
신령한 사람

물과 성령으로 거듭난 사람

지금까지 우리는 육신의 사람에 대해 알아보았으므로 이제 어떻게 하면 신령한 사람이 될 수 있는가를 알아보아야겠습니다.

신령한 사람은 어떤 사람을 두고 말하는 것일까요? 물과 성령으로 거듭난 사람이 신령한 사람입니다. 이스라엘의 지도자요, 학자요, 종교가인 니고데모가 하루는 주님을 찾아왔습니다. 그 때 예수님은 그에게 이같이 말씀하셨습니다.

"진실로 진실로 네게 이르노니 사람이 거듭나지 아니

하면 하나님의 나라를 볼 수 없느니라" 요 3:3

아담과 하와가 마귀의 말에 순종하여 마귀의 자식으로 거듭나게 되었습니다. 이제 마귀의 자식에서 또다시 거듭나서 하나님의 자녀로 변화되지 않으면 아니 됩니다. 하나님의 자녀로 거듭나서 속에 있는 악마의 영을 물리치고 성령이 들어오게 될 때 그는 신령한 사람이 되는 것입니다. 우리가 그렇게 되기 위해서는 어떻게 해야 할까요? 성경은 이와 같이 말씀하고 있습니다.

"예수께서 대답하시되 진실로 진실로 네게 이르노니 사람이 물과 성령으로 나지 아니하면 하나님의 나라에 들어갈 수 없느니라 육으로 난 것은 육이요 영으로 난 것은 영이니" 요 3:5~6

아버지, 어머니를 통하여 태어난 인간은 모두 육신의 사람이요, 태어날 때부터 악마의 영에 지배되어 태어납니다. 그래서 마음과 육체의 욕심을 따라 삽니다.

성경에 우리가 물과 성령으로 거듭나야 된다고 했는데 어떻게 해야 물과 성령으로 거듭나는 것일까요? 여러분, 성경에 보면 물은 하나님의 말씀과 회개를 상징하고 있습니다. 그러므로 우리가 하나님의 말씀인 예수 그리스도를 구주로 모시고 회개할 때, 하나님의 성령이 오셔서 인간의 수단과 방법이 아닌 하나님의 능력으로 우리가 예수님과 함께 죽고, 함께 장사 지낸 바 되고, 그리고 예수 그리스도 안에서 부활하여 우리로 하여금 예수 그리스도 안에서 거듭나게 하여 우리 속에 있는 악의 영을 몰아내고 하나님의 성령이 임재하게 하십니다. 그리하여 하나님을 '아바, 아버지'라고 부르고, 예수님을 '내 구주'라고 부를 수 있게 되는 것입니다.

고린도후서 5장 17절에 보면 "그런즉 누구든지 그리스도 안에 있으면 새로운 피조물이라 이전 것은 지나갔으니 보라 새 것이 되었도다"고후 5:17라고 기록되어 있습니다. 예수님을 믿는 것은 종교를 받아들이는 것이 아닙니다. 의식을 받아들이는 것이 아닙니다. 생활 규범이나 철학을 받아들이는 것도 아닙니다. 예수님을 믿을 때, 마귀의 자식으로 육체에 속해 있는 우리가 그리스도의 십자가를 통해 예수님과 함께 죽고 예수님과 함께 장사되고 예수님 안에서 함께 부활하여 옛 사람은 다 청산되고 속에 있는 악마의 영을 몰아내고 하나님의 성령이 들어와서 하나님을 사랑하게 되고 진리를 알게 되고, 하나님을 '아버지'로, 예수님을 '주'로 부르는 역사가 일어나게 되는 것입니다.

로마서 8장 9절에 "만일 너희 속에 하나님의 영이 거하시면 너희가 육신에 있지 아니하고 영에 있나니 누구든지 그리스도의 영이 없으면 그리스도의 사람이 아니라"롬 8:9고 말씀하셨습니다. 그러므로 여러분 속에 예수님의 영이 들어올 때 신령한 사람이 되는 것입니다. 예수님을 믿지 않는 사람은 육신의 사람이나 예수님을 구주로 모시고 속에 마귀의 영이 아닌 하나님의 성령이 들어와 있는 사람은 신령한 사람입니다.

신령한 사람이라고 하니까 세상 일을 초월하고 거룩한 옷을 입고 점잖게 걷고 엄숙한 삶을 사는 사람을 일컫는 것으로 생각하는 사람이 있는지 모르지만 예수님을 구주로 모시고 마귀의 자식에서 하나님의 자녀로 거듭나서 속에 하나님의 성령이 거하는 사람은 신령한 사람입니다.

여러분 가운데 "성령이 내 속에 와 있는지 아닌지를 모르겠는데요?"라고 말씀하실 분이 계십니까? 여러분이 하나님을 바라보고 '아버지'라고 부르면 성령이 속에 와 계십니다. 왜냐하면 성령으로 말미암지 아니하면 하나님을 '아바, 아버지'라고 부를 수 없기 때문입니다. 그리고 여러분이 진정한 의미에서 예수님을 바라보고 "그는 날 위해 죽으셨으며, 날 위해 장사 지낸 바 되셨고, 날 위해 부활하셨으므로 나의 구주시다."라고 하면 성령이 속에 들어와 있습니다. 성령으로 말미암아 예수님이 내 구주이심을 알게 되기 때문입니다. 하나님을 아버지라 부르고, 예수님을 구주로 모신 사람의 속에는 성령이 와 있기 때문에 육신의 사람이 아닌 신령한 사람이요, 마귀의 자식이 아니라 하나님의 자식이며, 지옥 대신 하나님이 계시는 천국으로 가게 되는 것입니다.

영원히 있을 것으로 사는 사람

신령한 사람들은 이 세상에 살고 있지만 영원히 있을 것으로 사는 사람들입니다. 다 같이 서울에 살며, 시내버스, 전철을 타고 다니고 명동, 동대문, 남대문에서 어깨를 부딪치며 오가지만, 사람들의 생명의 본질은 다릅니다. 이 세상 사람들은 육신과 마음의 욕심을 따라 살지만 신령한 사람들의 마음을 헤쳐 보면 그들은 영원히 있을 것으로 살고 있습니다. 그들은 믿음을 가지고 삽니다. 예수 그리스도를 믿고 하나님 말씀을 믿으며 삽니다.

"오직 의인은 믿음으로 말미암아 살리라" 롬 1:17는 말씀대로 말씀을 읽고 상고하며 믿음으로 삽니다.

또 신령한 사람은 소망으로 삽니다. 육신에 속한 사람은 육신이 죽는 것으로 모든 것이 끝장이 나기 때문에 죽고 난 뒤의 희망이 없습니다. 그래서 그들은 내일 죽을 것이니 오늘 먹고 마시자며 쾌락주의자가 될 뿐입니다. 그러나 신령한 사람은 우리의 육신의 집이 무너져도 우리에게는 손으로 짓지 아니한 영원한 집이 있음을 알고 살아갑니다. 그렇기 때문에 "사망아 너의 승리가 어디 있느냐 사망아 네가 쏘는 것이 어디 있느냐" 고전 15:55면서 담대하게 사망을 대적할 수 있습니다.

성령을 따라 사는 사람

뿐만 아니라 신령한 사람은 인생길을 외롭게 혼자 걸어가는 것이 아니라 성령님과 인생 동업을 하기 때문에 성령의 능력으로 살아갑니다. 성경에 "내가 이르노니 너희는 성령을 따라 행하라 그리하면 육체의 욕심을 이루지 아니하리라" 갈 5:16고 기록하고 있습니다. 우리가 신령한 사람이 되어 성령과 더불어 살면 육체의 유혹이 물밀듯 밀려와도 성령의 역사로 말미암아 모든 유혹을 물리칠 수 있습니다. 그리하여 날마다 향상된 삶을 살 수 있게 되는 것입니다.

그리고 신령한 사람은 하나님의 성령의 역사로 자신도 모르는 사이에 생활에서 '사랑과 희락과 화평과 오래 참음과 자비와 양선과 충성과 온유와 절제' 갈 5:22~23의 아홉 가지 성령의 열매를 맺게 됩니다.

03.
신령한 사람으로 살아가기

인간은 아담을 통하여 악마의 자녀로 거듭나서 육신의 사람이 되었습니다. 그 결과 악마의 포로가 되어 죄와 사망의 종노릇을 하다가 영원히 불과 유황으로 타는 못에 던져질 수밖에 없는 운명이 되고 말았습니다.

그러나 이제 마지막 인류의 조상인 예수 그리스도가 인류의 죄를 대신하여 십자가에 죽으심과 부활을 통하여, 그 은혜로 말미암아 믿음으로 모두 다 또다시 하나님의 자녀로 거듭나서 하나님의 자녀가 되고 영으로 사는 신령한 사람이 되어 하나님께 대한 믿음, 소망, 사랑을 가지고 영원히 있을 것으로 살며, 성령과 인생 동업을 하며 살게 되었습니다.

그러므로 이제 우리가 매일같이 육신의 일을 벗어버리고 성령의 새로움을 가지고 살게 될 때에 육신의 사람이 아닌, 신령한 사람이 됩니다. 세상을 좇아 살지 아니하고 하늘나라를 바라보며 삽니다. 우리는 이 세상에 살다가 흙으로 돌아가고 속사람이 버림받는 육의 사람이 아니라, 이 세상에서 살다가 육신의 장막 집을 벗어버리고 영원한 영광 속에 들어갈 신령한 사람들입니다.

하나님께서는 인간을 지위, 권세, 남녀, 노유, 빈부귀천으로 분류하시지 않습니다. 하나님께서는 인간을 육신에 속한 사람이냐, 신령한 사람이냐 이 두 가지로 분별하십니다. 믿지 아니하는 자는 모두 육신의 사람이요, 마귀의 자식으로 속에 악령을 가지고 육신과 마음의 정욕을 좇아 살다가 멸망 받고 맙니다.

예수님께서 이 땅에 오신 목적은 육신의 사람을 악마의 자식에서 거듭나게 해서 하나님의 자녀로 만들고 영생을 주고 성령으로 더불어 사는 신령한 사람으로 만들기 위해서입니다.

하나님께서는 여러분이 죄를 지었음에도 불구하고 못났음에도 불구하고 버림을 받아야 마땅함에도 불구하고 "영접하는 자 곧 그 이름을 믿는 자들에게는 하나님의 자녀가 되는 권세를 주셨으니" 요 1:12 라는 말씀을 가지고 육신의 사람을 신령한 사람이 되게 하기 위하여 여러분을 찾고 있습니다. 이 시간에 누구든지 예수님을 구주로 모시기만 하면 하나님 앞에서 법적으로 예수님과 함께 죽고, 함께 장사 지낸 바 되고, 함께 부활하여 과거는 청산하고 새사람으로 거듭나고 속에 있는 악령은 쫓겨 가고 하나님의 성령이 오셔서 신령한 사람이 됩니다. 그리고 신령한 사람으로서 영원한 삶을 가슴속에 가지며 육체의 남은 인생을 살다가 하나님과 더불어 영원히 사는 천국으로 들어갈 수 있게 되는 것입니다.

5장

속사람을 성장케 하는 길

> "이러므로 내가 하늘과 땅에 있는 각 족속에게
> 이름을 주신 아버지 앞에 무릎을 꿇고 비노니 그의 영광의 풍성함을 따라
> 그의 성령으로 말미암아 너희 속사람을 능력으로
> 강건하게 하시오며 믿음으로 말미암아 그리스도께서
> 너희 마음에 계시게 하시옵고 너희가 사랑 가운데서
> 뿌리가 박히고 터가 굳어져서 능히 모든 성도와 함께
> 지식에 넘치는 그리스도의 사랑을 알고 그 너비와 길이와 높이와 깊이가 어떠함을 깨달아
> 하나님의 모든 충만하신 것으로 너희에게 충만하게 하시기를 구하노라"
>
> 엡 3:14~19

01_ 말씀을 먹어라
02_ 말씀의 가르침을 실천하라
03_ 말씀을 남에게 나누어 주라
04_ 기도하라
05_ 속사람 성장시키기

사도 바울 선생은 우리의 영靈적인 사람을 속사람이라고 불렀습니다. 베드로는 우리 속사람을 '마음에 숨은 사람'이라고 했습니다.

우리가 예수 그리스도를 구주로 모셔 들이고 속사람 즉, 마음에 숨은 사람이 살아나면 곧 갈등이 생기는 것을 예수님을 믿는 사람이면 누구나 다 체험하게 됩니다.

바울 선생은 로마서 7장 22~24절에 그 자신의 갈등을 이렇게 솔직히 고백했습니다.

"내 속사람으로는 하나님의 법을 즐거워하되 내 지체 속에서 한 다른 법이 내 마음의 법과 싸워 내 지체 속에 있는 죄의 법으로 나를 사로잡는 것을 보는도다 오호라 나는 곤고한 사람이로다 이 사망의 몸에서 누가 나를 건져내랴" 롬 7:22~24

이와 같은 바울 선생의 고백과 탄식은 사람에 따라 그 정도의 차이가 있을 뿐 신자이면 누구나 다 체험하게 됩니다. 그러나 우리의 속사람이 점점 장성하고 강해지면 겉사람을 정복하고 지배할 수 있게 되는 것입니다.

그러기 위해서 우리들은 예수님으로 말미암아 살아난 신령한 사람, 즉 속사람을 시시각각으로 성장케 하고 힘 있게 만들지 아니하면 안 됩니다.

우리들의 속사람이 강해지면 죄와 사망과 마귀를 능히 정복할 수 있게 되고, 하나님의 모든 약속의 말씀을 능히 얻을 수 있습니다. 그리고 이 땅에 사는 동안 하나님께 영광 돌리는 삶을 살 수 있습니다. 그러면 속사람을 성장케 하기 위해서는 어떻게 해야 할까요?

01.
말씀을 먹어라

말씀의 섭취

겉사람을 성장시키고 건강하게 하려면 음식을 먹어야 하는 것처럼 속사람을 자라게 하기 위해서도 음식을 먹어야 합니다. 그러나 속사람을 성장케 하기 위해 먹는 음식은 물질적인 것이 아니라 하늘나라의 말씀인 것입니다.

"사람이 떡으로만 살 것이 아니요 하나님의 입으로부터 나오는 모든 말씀으로 살 것이라"마 4:4고 성경은 말씀하고 있습니다. 또 베드로전서 2장 1~2절에 이같이 말씀하셨습니다.

"그러므로 모든 악독과 모든 기만과 외식과 시기와 모든 비방하는 말을 버리고 갓난아기들 같이 순전하고 신령한 젖을 사모하라 이는 그로 말미암아 너희로 구원에 이르도록 자라게 하려 함이라" 벧전 2:1~2

성령은 갓난아이들처럼 신령한 젖, 즉 말씀을 사모하여 먹음으로 말미암아 우리를 자라도록 하라고 말씀하고 있습니다.

그러면 우리가 말씀을 먹기 위해서는 어떻게 해야 할까요? 제가 여러분에게 "말씀을 먹어야 합니다." 하고 권면하면 대부분의 사람들은 이같이 대답합니다.

"목사님, 말씀을 먹고 있습니다. 주일에 설교 말씀으로 말미암아 말씀을 먹지요, 수요일 성경 공부를 통해 말씀을 먹지요, 구역 예배 때 말씀을 먹고 있지 않습니까. 그리고 성경을 읽음으로 말씀을 먹습니다."

물론 여러분들이 주일 예배, 수요 예배, 구역 예배,

철야 예배에 참석하여 설교를 듣고, 성경을 읽으면 말씀을 먹는 것이므로 그를 통해 여러분의 신앙이 자랍니다. 그러나 여러분, 말씀을 많이 먹는 것도 중요하지만 먹은 말씀을 얼마나 소화시키느냐 이것도 중대한 문제입니다. 아무리 음식을 많이 먹어도 소화를 시키지 못하면 먹은 음식이 영양분이 되지 못하고 몸 밖으로 나와 버리고 맙니다. 이렇듯 우리가 하나님 말씀을 많이 먹어도 소화시키지 못하면 영양분을 섭취하지 못해 속사람이 자랄 수 없습니다.

말씀의 묵상

하나님 말씀을 먹고 그것을 소화시켜야 우리의 속사람이 자랄 수 있습니다. 그러기 위해서는 말씀을 묵상할 줄 알아야 합니다. 여호수아 1장 8절에 보면 다음과 같이 기록되어 있습니다.

"이 율법책을 네 입에서 떠나지 말게 하며 주야로 그

것을 묵상하여 그 안에 기록된 대로 다 지켜 행하라 그리하면 네 길이 평탄하게 될 것이며 네가 형통하리라" 수 1:8

여기에 보면 율법책, 다시 말하면 오늘날 우리가 보는 성경책을 묵상하라고 말씀하셨습니다. 듣기나 하고 읽기만 할 것이 아니라 묵상을 하라고 하셨습니다.

① 묵상의 방법
㈀ 말씀에 주의를 집중하라

그러면 우리는 말씀을 어떻게 묵상해야 할까요. 잠언에 보면 분명하게 우리에게 묵상의 길을 가르쳐 주고 있습니다.

"내 아들아 내 말에 주의하며 내가 말하는 것에 네 귀를 기울이라 그것을 네 눈에서 떠나게 하지 말며 네 마음속에 지키라 그것은 얻는 자에게 생명이 되며 그

의 온 육체의 건강이 됨이니라" 잠 4:20~22

그러므로 말씀을 묵상하려면 먼저 하나님의 말씀을 받아들이고 그 말씀에 주의를 집중해야 됩니다. 다른 잡다한 생각을 젖혀 놓고 말씀에 주의를 집중하기 위해서는 고요한 시간을 얻어야 합니다. 집에서도 좋고 교회, 혹은 기도원도 좋습니다.

조용한 시간을 가지고 자기에게 꼭 필요한 말씀에 주의를 집중해야 합니다. 성경에는 여러 가지 말씀이 있으나 각 개인의 사정에 따라 필요한 말씀이 각각 다릅니다. 그러므로 각자에게 필요한 말씀을 묵상의 제목으로 삼고 그 말씀에 여러분의 마음을 집중시켜야 됩니다.

(ㄴ) **말씀의 내용에 귀를 기울여라**

그 다음에는 말씀의 내용에 귀를 기울일 줄 알아야 됩니다. 말씀에 마음을 집중시키고 그 말씀이 내게 어떤 의미를 주는가 귀를 기울이면 여러분의 영에 울려오는 음성이 있을 것입니다. 바로 성령께서 여러분의 영에게 말씀의 뜻을 해석해 주십니다.

㈐ 말씀의 의미를 눈앞에 그려라

말씀에 귀를 기울인 다음에는 그 말씀이 이루어지는 모습을 여러분의 눈앞에 전개해 봐야 됩니다. 하나님께서 아브라함에게 "너는 눈을 들어 너 있는 곳에서 북쪽과 남쪽 그리고 동쪽과 서쪽을 바라보라 보이는 땅을 내가 너와 네 자손에게 주리니 영원히 이르리라" 창 13:14~15고 말씀하셨습니다. 이같이 여러분도 하나님의 약속의 말씀이 이루어져 열매 맺은 것을 바라봐야 합니다. 약속의 말씀이 이루어진 속에 내가 들어가서 더불어 먹고 마시며 누리는 모습을 그려 보아 내 눈앞에서 떠나지 않게 해야 합니다.

㈑ 말씀의 축복을 믿음으로 내 것으로 받아들여라

말씀의 의미를 눈앞에 그린 다음 마지막으로 말씀의 축복을 믿음으로 내 것으로 받아들여야 됩니다.

여러분이 성경에 기록된 약속의 말씀을 믿음으로 받아들이고 "이 말씀은 내 것이다. 이 말씀은 나를 위해 주신 것이다. 그러므로 나는 믿음으로 받아들인다."고 시인하십시오.

여러분이 말씀을 묵상할 때 이와 같은 네 가지 과정을 통과하면 그 말씀을 소화시킨 것이 되어 영양분을 섭취한 속사람은 자라게 되는 것입니다.

미국 뉴욕에 리리안 요맨이라는 유명한 여의사가 있었습니다. 그녀는 병원 일에 몰두하다 보니 정신적으로, 육체적으로 대단히 지치게 되었습니다. 그녀는 그 피곤을 이기기 위해 의사라 손쉽게 구할 수 있는 아편을 조금씩 복용했습니다. 날이 갈수록 아편의 양量이 늘어나 마침내 그녀는 아편중독자가 되고 말았습니다. 그녀는 아편이 아니고는 잠시도 살 수 없는 비참한 인간이 되고 말았습니다. 그래서 그녀는 아편중독에서 헤어나오기 위해 온갖 치료를 받았으나 소용이 없었습니다. 몹시 고민하고 있던 중 어떤 사람의 전도를 받고 하나님 앞에 나와 말씀을 묵상하고 기도하여 하나님의 능력으로 말미암아 아편에서 놓여나고 새사람이 되었습니다.

그것이 계기가 되어 그는 아편중독, 술 중독이 된 사람, 불치의 병에 걸린 병자들을 치료하기 위해 요양소를 설립했습니다. 리리안 요맨 박사가 설립한 요양원에서는 약이나 수술로써 치료하지 않았습니다. 환자가 찾아오면 리리안 요맨 박사는 말씀과 기도로써 그들을 치료했습니다. 그가 쓴 책에 보면 이같은 경험담이 기록되어 있습니다.

하루는 앰블런스가 요란한 사이렌 소리를 울리면서 요양원에 도착했습니다. 들것에 실려온 사람은 폐병 3기가 지나 의사들이 손을 든 여자였습니다. 그녀는 뼈가 앙상하고 숨이 턱에만 남아 있었습니다. 리리안 요맨 박사는 환자를 곧 이층 입원실에 옮긴 다음 성경 구절을 크게 쓴 것을 환자에게 주고 그가 요양원에 온 이상 그 말씀으로 살아야 된다고 말했습니다. 요맨 박사가 적어준 성경 구절은 다음과 같은 말씀이었습니다.

"그리스도께서 우리를 위하여 저주를 받은 바 되사 율법의 저주에서 우리를 속량하셨으니 기록된 바 나무에 달린 자마다 저주 아래에 있는 자라 하였음이라" 갈 3:13

이튿날 환자 병실을 찾아간 요맨 박사가 환자에게 무슨 말씀인지 의미를 알겠느냐고 물으니까 환자는 모르겠다고 대답했습니다. 그러자 계속 말씀에 주의를 기울이고 그 말씀이 자기에게 들려주는 의미에 귀를 기울이라고 말한 다음 그녀를 위해 기도해 주고 병실을 나왔습니다. 사흘, 나흘, 닷새가 지나도 그 환자에게서는 아무런 기미가 보이지 않았습니다.

일주일이 되던 날입니다. 갑자기 이층에서부터 쿵쾅거리는 소리와 함께 요란한 발걸음 소리가 들려 무슨 일이 일어났다 싶어 요맨 박사가 사무실 문을 열어보니 그 여인이 소리를 지르며 층계를 뛰어 내려오고 있었습니다. 까닭을 묻는 요맨 박사에게 그 여인은 이같이 말했습니다.

"박사님, 이젠 제가 더 이상 침대에 누워 있을 필요가 없음을 알았습니다. 박사님 말씀대로 박사님께서 적어주신 성경말씀을 주의를 집중해서 읽고 그 말씀이 제게 가르쳐 주는 뜻이 무엇인가 애를 써 귀를 기울였으나 어제까지는 깨달아지는 것이 없었습니다. 그런데 조금 전 말씀에 주의를 집중하고 이 말씀이 내게 무엇을 말하는가 귀를 기울이자 갑자기 제 속에 깨달음이 왔습니다. 박사님, 예수님께서 저를 위해 저주를 받으시고 십자가에 못 박히셨고 예수님께서 받으신 저주 안에는 저의 폐병도 포함되어 있습니다. 그렇다면 저는 더 이상 저주를 받을 필요가 없음을 깨달았습니다. 예수님께서 청산하신 저주를 왜 제가 걸머집니까? 이 사실이 제 마음속에 깨달아지자마자 건강하게 된 제 모습을 그릴 수 있었습니다. 침상에서 일어나 건강하게 걸어 다니는 제 모습을 그리자, 그것이 참 제 모습임을 알게 되었습니다. 이 기쁜 소식을 박사님에게 알려드리려고 뛰어 내려왔습니다."

그 뒤로 그녀는 하루하루가 다르게 건강을 회복하

여 뼈만 앙상하던 몸이 포동포동 살이 쪄서 요양소를 떠났다고 합니다. 그녀가 하나님의 말씀을 건성으로 읽지 않고 묵상하여 소화시킴으로써 자기의 생명을 구출했던 것입니다.

나도 갈라디아서 3장 13절과 관련된 감격적인 이야기를 들려드릴 수 있습니다. 우리 교회 성도님 중의 한 분인데 생활이 아주 어려웠습니다. 손대는 것마다 실패를 해서 끼니를 겨우 이어갈 정도였습니다. 그가 내게 기도 받으러 오면 내 마음도 몹시 무거워집니다. 수심이 꽉 들어찬 얼굴로 내게 기도를 받으러 오는 그를 위해서 늘 기도를 하고 있었습니다. 하루는 그가 내 사무실에 들어오는데 여느 때와는 달리 얼굴이 활짝 개었습니다. 그리고는 "목사님, 이제 되었습니다." 하기에 직장을 얻은 줄 알고 "취직이 되었습니까?"하고 묻자 "아닙니다. 목사님, 직장을 얻은 것이 아니고 믿음을 얻었습니다."라고 하면서 다음과 같이 말하는 것이었습니다.

"오늘 아침 성경을 읽다가 갈라디아서 3장 13절

말씀을 읽게 되었습니다."

"그리스도께서 우리를 위하여 저주를 받은 바 되사 율법의 저주에서 우리를 속량하셨으니 기록된 바 나무에 달린 자마다 저주 아래에 있는 자라 하였음이라" 갈 3:13

"이 말씀을 읽고 나자 갑자기 이 말씀에 주의가 기울여졌습니다. 저는 모든 것을 젖혀 놓고 이 말씀에 주의를 집중하고 읽어보고 생각하고 또 읽어보고 생각해 보는데 저의 마음속에 떠오르는 생각이 있었습니다. 제가 하는 일마다 실패를 하기에 가난한 팔자로 태어난 것으로 생각했습니다. 저의 생각 속에는 원망, 탄식, 저주, 가난 의식이 꽉 들어차 있었습니다. 제가 예수님을 믿는다면서 교회에 나오고 목사님께 기도를 받으면서도 잘못된 생각을 가지고 있었던 것입니다. 그런데 성경에 예수님께서 저를 위해 저주를 받은 바 되사 율법의 저주에서 저를 속량했다고 기록되어 있으니 제가 진짜로 예수님을 믿는다면 제가 저주 안에 있지 않아야 된다는 생각이 들었습니다. '저주의 생각이나 저주의 말이나 저주의 행동을 하지 않아야 된다. 징징 울면서 다니지 않아야 된다.' 하는 생각이 누가 깨우쳐 주듯 들렸습니다. 그러자 성령으로 저의 온몸이 뜨거워지면서 하나님의 축복이 저의 온 전신을 감싸는 듯했습니다. 저주에서 해방되어 영혼이 잘됨같이 범사에 잘 되고 강건하며 생명을 얻되 풍성하게 얻는 저의 모습이 보였습니다. 저는 너무나 기쁘고 즐거워서 아침 내내 소리 높여 하나님께 감사를 드렸습니다. 저는 이제 축복을 받았습니다. 목사님, 저를 위해 더 이상 기도를 해 주시지 않아도 됩니다. 저는 예수님으로 말미암아 복 받은 사람입니다. 다시는 가난하지 않을 것입니다. 두고 보십시오."

그 후 얼마 아니 되어 그는 조그마한 사업을 시작하였고 그것이 번창하여 자녀들을 대학까지 공부시킬 수 있었습니다. 하나님의 말씀이 그를 변화시켰던 것입니다.

여러분, 주의 말씀은 살았고 운동력이 있어 두 날 가진 어떤 검보다 예리하여 여러분의 혼과 영 및 관절과 골수를 쪼개는 능력을 가지고 있습니다 히 4:12. 주의 말씀은 없는 것을 있게 하시고 있는 것을 없게 하십니다. 하나님께서 말씀으로 천지를 지으셨음을 기억하십시오.

오늘 예수님을 믿는 사람들이 성경말씀에 좀더 주의를 기울였다면 하나님께서 여호수아에게 말씀하신 그 축복이 바로 여러분과 나의 것이라고 말할 수 있을 것입니다.

> "이 율법책을 네 입에서 떠나지 말게 하며 주야로 그것을 묵상하여 그 안에 기록된 대로 다 지켜 행하라 그리하면 네 길이 평탄하게 될 것이며 네가 형통하리라" 수 1:8

여러분의 길이 평탄하게 되고 여러분의 길이 형통하게 되는 길은 하나님의 약속의 말씀을 묵상하여 그 말씀을 소화시켜 여러분의 것이 되게 하는 것입니다. 이를 위해 여러분은 언제나 하나님의 말씀에 주의를 집중하고, 말씀의 내용에 귀를 기울여 성령님이 말씀의 내용을 여러분에게 깨닫게 하도록 시간을 드리십시오. 말씀으로 여러분의 마음속에 깨달음이 있으면 그것을 눈앞에서 떠나지 말게 하여 말씀이 이루어진 모습을 분명히 바라보십시오. 여러분이 그 안에 들어가 사는 모습을 바라보고 즐거워하십시오. 마지막으로 그것이 내 것으로 되었다고 입으로 시인하고 받아들이십시오.

"내 아들아 내 말에 주의하며 내가 말하는 것에 네 귀를 기울이라 그것을 네 눈에서 떠나게 하지 말며 네 마음속에 지키라 그것은 얻는 자에게 생명이 되며 그의 온 육체의 건강이 됨이니라" 잠 4:20~22

이 같은 축복이 여러분에게 임하게 되시기를 주님의 이름으로 축원합니다.

여러분의 말씀을 묵상할 때 여러분의 속사람은 성장하게 되는 것입니다.

02.
말씀의 가르침을 실천하라

작은 일에서부터 실천하라

① 나의 생활 태도부터

성도님들에게 말씀을 실천하라는 말씀을 드리면 그 많은 말씀들을 어떻게 실천하느냐면서 실천하지 못하는 변명부터 하려고 합니다.

"목사님, 사실 성경에 훌륭한 말씀이 많은 줄 압니다. 또한 좋은 설교 말씀을 듣지만 세상에 나가서 실천하는 일은 참으로 어렵습니다."

하나님께서는 처음부터 여러분이 실천할 수 없는 어려운 말씀을 실천하라고 하시지 않습니다. 여러분의 손 닿는 곳에 있는 아주 작은 일에서부터 하나님의 말씀을 실천하십시오. 여러분이 작은 일부터 말씀을 생활에 실천하면 여러분의 속사람이 점점 강한 힘을 얻어서 어려운 말씀도 실천할 수 있게 되는 것입니다.

  그러면 여러분의 손 닿는 곳에 있는 작은 일이란 어떤 것을 말할까요? 먼저 여러분 자신의 생활 태도부터 바꿔 봅시다. 데살로니가전서 5장 16~18절에 보면 "항상 기뻐하라 쉬지 말고 기도하라 범사에 감사하라 이것이 그리스도 예수 안에서 너희를 향하신 하나님의 뜻이니라" 살전 5:16~18고 기록하고 있습니다. 우선 이 말씀부터 실천해 봅시다. 성경에 "항상 기뻐하라"고 하셨는데 이 말씀은 기쁜 일이 있을 때만 기뻐할 것이 아니라 슬픈 일이 있을 때에도 기뻐하고, 성공할 때만 기뻐하지 말고 실패할 때도 기뻐하라는 것입니다. "기쁘지 않은데 어떻게 기뻐합니까?" 하고 반문하실 분이 계실 것입니다. 기쁘지 않아도 기쁘다는 말은 할 수 있으므로 계속 입으로 시인하면 마음에 변화가 다가오게 됩니다. 또한 성경에 "쉬지 말고 기도하라"고 기록되었다고 하여 온종일 중얼중얼하고 다니면 미친 사람 취급을 당할 것입니다. 마음의 자세가 하나님 중심이 되어 있으면 그것이 바로 쉬지 않고 기도하는 것입니다. 그리고 성경에 "범사에 감사하라"고 하였습니다. 우리가 좋은 일에도 감사하고 좋지 않은 일에도 감사하고, 일이 잘될 때에도 감사하고 일이 안 될 때에도 감사할 수 있는 것은 좋은 일은 좋아서 감사드리고 좋지 않은 일도 하나님께서 종국적으로 좋게 만들어 주실 것을 믿기 때문입니다. 그리할 때 우리는 범사에 감사하는 생활이 됩니다.

항상 기뻐하고 쉬지 말고 기도하며 범사에 감사하는 것은 누구든지 할 수 있는 일입니다. 돈이 있는 사람이나 없는 사람이나 지식인이나 무식한 사람이나 모두 다 할 수 있는 일입니다. 우리는 일상생활에서 이런 말씀부터 실천해 봐야 합니다.

② 부부 사이에서

매일 이마를 마주하며 사는 부부 사이에도 작은 일부터 말씀을 실천해 보십시오. 성경에 보면 이같이 기록하고 있습니다.

"아내들이여 자기 남편에게 복종하기를 주께 하듯 하라 이는 남편이 아내의 머리 됨이 그리스도께서 교회의 머리 됨과 같음이니 그가 바로 몸의 구주시니라 그러므로 교회가 그리스도에게 하듯 아내들도 범사에 자기 남편에게 복종할지니라 남편들아 아내 사랑하기를 그리스도께서 교회를 사랑하시고 그 교회를 위하여 자신을 주심 같이 하라 이는 곧 물로 씻어 말씀으로 깨끗하게 하사 거룩하게 하시고 자기 앞에 영광스러운 교회로 세우사 티나 주름 잡힌 것이나 이런 것들이 없이 거룩하고 흠이 없게 하려 하심이라" 엡 5:22~27

전에 어떤 자매님이 내게 와서 이같이 항의를 한 적이 있습니다.

"목사님 성경은 여권女權을 무시하고 있습니다. 하나님도 남자고 예수님도 남자이기 때문인지 성경에 보면 남자 편만 들고 여자 편은 들지 않았습니다."

그래서 내가 자매님에게 "그럴 리가 있습니까? 성경에 보면 하나님께서 여자를 대단히 사랑하셨습니다." 하고 말씀을 드려도 자매님은 "아니에요. 목사님, 잘못 아셨습니다." 하고 우깁니다.

"아니올시다. 하나님께서 남자를 여자보다 더 사랑하셨다면 남자를 더 많이 구원하셔서 교회에 남자가 여자보다 더 많이 출석토록 했을 것입니다. 그런데 우리 교회에 보면 60%가 여자이고 남자는 40%밖에 되지 않습니다. 하나님께서 여자를 사랑하지 않는다면 이와 반대의 현상이 일어나야 할 것입니다. 자매님은 왜 하나님께서 여자를 사랑하지 않는다고 생각하게 되었습니까?"

"요즘 남녀동등권을 부르짖고 있는데 에베소서 5장 22절에 보면 '아내들이여 자기 남편에게 복종하기를 주께 하듯 하라'고 기록되어 있습니다. 저는 이 성경말씀 때문에 크게 피해를 입고 있습니다. 제가 말을 끄집어내기가 무섭게 남편은 이 성경말씀을 인용하여서 저를 윽박지릅니다."

"자매님, 남녀동등권이란 인간으로서의 동등함을 말하는 것이고 일에 있어서 동등함을 말하는 것이 아닙니다. 우리가 인간으로서 하나님 앞에 동등하게 태어났지만 사명은 다릅니다. 사람이 동등하다고 해서 순복음중앙교회 교인들이 다 목사가 될 수는 없습니다. 마찬가지로 모두 다 장로, 권사, 집사, 구역장이 될 수도 없습니다. 하나님께서 남자와 여자를 다 같은 하나님의 자녀로 지었기 때문에 동등하게 구원을 받으나 직분은 다릅니다. 남자에게는 남편으로서의 직분이 있고 여자는 아내로서의 직분이 있습니다. 자매님이 남편처럼 사회에 나가 돈을 벌고 가정을 책임질 수 없는 것처럼 자매님의 남편 또한 자매님이 하는 일을 할 수 없습니다. 직분에는 위계位階가 있습니다. 어떠한 조직이라도 위계가 없으면 그 조직은 무너지고 맙니다. 하나님의 나라는 권위의 나라입니다. 하나님은 만왕의 왕이요, 만주의 주가 되십니다. 자매님은 여자로 태어난 이상 가정에서는 남편에게 복종해야 합니다. 부인이 남편보다 지식이 많고 지혜가 뛰어나더라도 남편은 머리니까 남편을 잘 받들어야 합니다. 자매님의 남편이 자매님보다 리더십이 강하다면 자매님이 행복할 것입니다.

만약 자매님의 남편이 자매님보다 못하다면 자매님의 지혜와 지식과 총명으로 머리인 남편을 잘 받드세요. 남편이 높은 사람이 되면 자매님도 따라 높은 사람의 부인이 되고, 남편이 거지가 되면 자매님도 같이 거지가 될 것이 아닙니까? 성경말씀에는 거짓이 없고 그 말씀대로 따르면 행복할 테니까 남편에게 순종하십시오. 그러나 남편이 그 말씀을 너무 앞세우면 그 말씀 다음에 이 같은 성경말씀이 있습니다. '남편들아 아내 사랑하기를 그리스도께서 교회를 사랑하시고 위하여 자신을 주심 같이 하라' 이 말씀을 인용하시고 말씀대로 지켜줄 것을 남편에게 요구하십시오."

이 말씀 때문에 집에서 성경을 읽다가 우리 집사람과 실랑이를 벌인 적이 있습니다.

"아내들이여 자기 남편에게 복종하기를 주께 하듯 하라"는 말씀을 읽고 난 다음 집사람에게 "참 좋은 말씀이군. 당신 한 번 더 읽지."라고 했습니다. 그러자 집사람이 성경을 머리만 읽고 꼬리를 읽지 않는다면서 그 다음에 나오는 성경 구절을 읽었습니다.

"남편들아 아내 사랑하기를 그리스도께서 교회를 사랑하시고 위하여 자신을 주심 같이 하라"

그리고 어떤 남편이든 예수님께서 교회를 사랑하시듯 아내를 사랑하면 그 남편에게 복종하지 않을 아내가 없을 것이라고 말하는 것입니다. 아내를 사랑해 주지 않고 돈도 잘 벌어다 주지 않으면서 귀찮게만 구니까 복종할 생각이 나지 않지, 아내를 뜨겁게 사랑해 주면 아내들도 남편을 잘 받들 것이라는 것입니다. 그 말을 듣고 보니 옳은 말이라 우리 가정에서도 에베소서 5장 2~27절의 말씀대로 실천하기로 했습니다.

여러분, 하나님 말씀을 실천하는 것을 어렵게만 생각하지 마십시오. 여러분 주위의 작은 일에서부터 말씀을 실천하면 차차 어려운 말씀도 실천할 수 있게 되고 여러분의 속사람은 자라나는 것입니다.

③ **부모와 자녀 사이에서**

부모와 자녀 사이에도 보십시오. 성경에 다음과 같은 말씀이 기록되어 있습니다.

> "자녀들아 주 안에서 너희 부모에게 순종하라 이것이 옳으니라 네 아버지와 어머니를 공경하라 이것은 약속이 있는 첫 계명이니 이로써 네가 잘되고 땅에서 장수하리라 또 아비들아 너희 자녀를 노엽게 하지 말고 오직 주의 교훈과 훈계로 양육하라" 엡 6:1~4

여러분, 이 말씀을 여러분의 가정에서 실천해 보십시오. 요즘은 핵가족 제도가 성행하여 결혼하면 부모와 떨어져 살고 부모에게 관심을 그리 기울이지 않습니다. 성경에 보면 하나님께서 주신 계명에는 축복 대신에 저주가 따랐습니다. 말씀을 지키지 않으면 하나님께서 저주한다고 기록되어 있습니다. 그런데 계명 중 하나님의 축복이 있는 계명이 있습니다.

"네 아버지와 어머니를 공경하라"

그리하면 다음과 같은 축복을 받는다고 했습니다.

"네가 잘 되고 땅에서 장수하리라"

부모에게 효도하고 공경하면 세상에서 잘 되고 장수하게 되는 것입니다.
나는 결혼 주례 때 신랑·신부에게 "당신들이 잘 되고 장수하려면 부모님을 잘 받들어라. 그리하여 입에서 당신들을 축복하는 말이 나오면 당신들이 하는 일이 잘 되고 장수하게 된다."는 말을 잊지 않고 당부합니다.
오늘날 자녀들은 부모 공경하는 것을 잊으면 안 됩니다. 여러분 가운데 나는 둘째, 혹은 셋째이니 부모님을 공경하지 않아도 된다는 생각은 하지 마십시오. 여러분이 복을 받고 장수하고 싶으면 부모를 공경하십시오. 순위를 따지지 마십시오. 부모를 공경하라는 말씀을 실천할 때 축복을 받을 뿐 아니라 속사람까지 자라게 됩니다.

또 자식을 대할 때에도 "너희 자녀를 노엽게 하지 말고 오직 주의 교양과 훈계로 양육하라"는 말씀을 실천하십시오. 자식이 말을 잘 안 듣는다고 하여 몽둥이로 때리고 욕설을 퍼부어서는 안 됩니다.

우리 형제들이 자랄 때 부모님으로부터 한 번도 욕을 들어본 적이 없습니다. 하루는 학교에 가려고 이웃에 사는 친구 집에 갔다가 그의 어머니가 아들에게 "범이 물어갈 놈아, 빌어먹을 놈아." 하고 욕을 하는 것을 듣고 간이 섬뜩했던 적이 있습니다. 자기의 아들이 정말 범에게 물려가고, 깡통을 들고 이 집 저 집을 다니며 구걸하면 무엇이 좋겠습니까. 그럼에도 불구하고 무지막지하게 욕을 합니다. 자식에게 심한 욕설을 퍼부으면 그것이 잠재의식에 남아 나중에 부모에게 불효하게 하는 불씨가 됩니다.

나는 우리 집 아이들이 잘못을 저지르면 그냥 야단치는 것이 아니라 잘못한 점을 열거하여 아이들이 시인을 하도록 합니다. "네가 잘못했으므로 매를 맞아야 한다."면서 때리면 자기들이 잘못을 인정했기 때문에 매 맞는 데 대해서 반발하거나 분노하지 않습니다. 그러므로 아이들을 대할 때도 주님의 사랑과 은혜 가운데서 다스리고 이끌어야 할 것입니다.

여러분이 이러한 작은 일에서부터 하나님의 말씀을 실천해나가면 점점 하나님의 말씀을 더 많이 실천하게 되고 따라서 여러분의 속사람도 더욱 자라게 되는 것입니다.

03.
말씀을 남에게 나누어 주라

누가복음 6장 38절에 보면 "주라 그리하면 너희에게 줄 것이니 곧 후히 되어 누르고 흔들어 넘치도록 하여 너희에게 안겨 주리라"눅 6:38고 말씀하셨습니다. 우리 교회 성도님들 가운데에 별로 신앙이 두텁지도 않았는데 구역장이 되자마자 굉장한 신앙인이 되고 기도도 잘하는 것을 여러 차례 보았습니다. 전에는 그렇지가 않았는데 어떻게 하여 갑자기 신앙심이 깊어지게 되었을까요? 구역장이 되면 별도리 없이 구역 예배 때 설교를 해야 합니다.

구역공과 공부를 한 다음 떠듬떠듬하는 소리로 설교를 합니다. 그렇게 남에게 주다 보면 하나님께서 30배, 60배, 100배로 되돌려주셔서 능력 있는 구역장이 될 수 있는 것입니다. 그러므로 내가 하나님의 말씀을 다른 사람에게 나눠주면 나눠줄수록 내게 많아집니다. 희한하게도 기쁨은 나눌수록 더 기뻐지고 슬픔은 나눌수록 점점 적어집니다.

그렇기 때문에 우리가 앉으나 서나 다른 사람에게 하나님 말씀을 전하면 그 사람이 받아들이든 받아들이지 않든지 하나님께서 후히 되어 누르고 흔들어 넘치게 하여 되돌려 주십니다. 여러분들은 말씀을 남에게 계속 전하여 내게 말씀이 풍성하게 함으로써 속사람을 성장케 하시기를 주님의 이름으로 축원합니다.

04. 기도하라

마음의 기도

고린도전서 14장 15절에 다음과 같이 기록하고 있습니다.

> "그러면 어떻게 할까 내가 영으로 기도하고 또 마음으로 기도하며 내가 영으로 찬송하고 또 마음으로 찬송하리라" 고전 14:15

영으로 기도한다는 것은 방언으로 기도하는 것을

말하고 마음으로 기도하는 것은 일상생활에서 쓰는 말로 기도하는 것을 말합니다. 그리고 영으로 찬송한다는 것은 방언으로 찬송하는 것을 말하고 마음으로 찬송하는 것은 우리가 아는 말로 찬송하는 것을 말합니다.

성경에서 성령이 오시면 우리가 하나님을 향하여 '아바 아버지'라고 부른다고 했습니다. 여러분, 아빠라는 말은 어린 아이가 아버지를 부르는 말입니다. 그런데 우리가 하나님을 '아바 아버지'라고 부르니 그것은 하나님 아버지와 우리 사이가 매우 다정함을 말해주는 것입니다. 그러므로 여러분이 아버지 하나님께 구할 때 어려운 낱말이나 거창한 말을 하려고 애쓰지 말고 어린 아이처럼 단순하게 구하고 감사하고 찬양하는 기도를 드리면 됩니다.

영의 기도

여러분이 마음으로 기도를 하다가 성령충만함을

받고 방언의 은사를 받으면 이제 영으로도 기도를 하게 되는 것입니다. 여러분이 영으로 기도를 할 때 여러분의 속사람이 자라기 시작합니다.

"내가 만일 방언으로 기도하면 나의 영이 기도하거니와 나의 마음은 열매를 맺지 못하리라" 고전 14:14

방언으로 기도하는 것은 영이 기도를 하는 것이기 때문에 내 마음은 영이 어떤 기도를 하는지 모릅니다. 나의 이성으로는 기도의 내용을 깨달아 알 수 없지만 내가 방언으로 기도하면 내 영이 하나님과 직접 기도하는 것입니다. 방언 기도는 속사람이 직접 하나님께 기도하는 것이므로 이를 통해 속사람이 자라게 되는 것입니다.

그러므로 여러분이 기도할 때 일반적 기도보다도 방언으로 기도하면 보다 깊은 기도를 할 수 있고, 속사람이 직접 하나님께 기도하므로 속사람이 영양분을 섭취하여 자라게 되는 것입니다.

고린도전서 14장 2절에 "방언을 말하는 자는 사람에게 하지 아니하고 하나님께 하나니 이는 알아듣는 자가 없고 영으로 비밀을 말함이라" 고전 14:2고 했습니다. 그러므로 방언으로 말하는 것은 곁의 사람이 알아들을 수 없고 자기도 뜻을 모릅니다. 그러나 방언으로 말하면 우리의 영이 하나님께 직접 말하고 하나님께서 성령으로 직접 응답을 주시기 때문에 영이 살아나고 속사람이 깨끗해집니다. 살아가면서 괴롭고 쓰라린 경험을 하여 그것이 우리 속에 쌓였더라도 방언 기도를 하면 누적된 것을 모두 쓸어내어 마음을 상쾌하고 새롭게 만들어 줍니다.

고린도전서 14장 4절에 이렇게 기록되어 있습니다.

"방언을 말하는 자는 자기의 덕을 세우고 예언하는 자는 교회의 덕을 세우나니" 고전 14:4

덕을 헬라어로는 '오이코도메οικοδομη'라고 합니다. '오이코도메'는 '오이코스οικος'와 '데모δεμω'란 말을 합한 것으로 '오이코스'는 집이란 뜻이고 '데모'는 벽돌을 쌓는 것을 말합니다. 그러므로 방언을 말하는 자가 자기의 덕을 세운다는 말은 자기의 신앙의 집을 쌓아올리는 것을 말합니다. 방언으로 말을 하면 할수록 자기 신앙의 집을 더 높이 지어나가는 것이기 때문에 방언으로 말하는 것에는 결정적인 유익이 있습니다. 그러므로 성경은 '방언하는 것을 금하지 말라'고 말씀하셨던 것입니다.

 오늘날 방언하는 것에 대해 공격하고, 방언을 못하게 하는 사람은 자신이 방언을 하지 못하기 때문에 그와 같은 말을 하는 것입니다. 방언을 말하는 사람은 그런 말을 하지 않습니다. 방언은 사람에게 하지 아니하고 하나님께 직접 기도하는 것이므로 다른 사람이 듣게 떠들썩하게 해서는 아니 됩니다. 방언 기도는 하나님과 깊은 교제를 가지는 것이기 때문에 골방에 들어가서 하거나 통성 기도 시간에 조용하게 하여 덕을 세우는 것이 좋습니다. 방언 기도는 우리의 속사람을 자라게 하는 위대한 영적 기도임을 잊어서는 아니 됩니다.

05.
속사람 성장시키기

바울 선생은 히브리 교인들의 속사람이 성장치 않음을 보고 탄식하셨습니다.

> "때가 오래 되었으므로 너희가 마땅히 선생이 되었을 터인데 너희가 다시 하나님의 말씀의 초보에 대하여 누구에게서 가르침을 받아야 할 처지이니 단단한 음식은 못 먹고 젖이나 먹어야 할 자가 되었도다 이는 젖을 먹는 자마다 어린 아이니 의의 말씀을 경험하지 못한 자요 단단한 음식은 장성한 자의 것이니 그들은 지각을 사용함으로 연단을 받아 선악을 분별하는 자들이니라" 히 5:12~14

주 예수님을 믿는 사람의 생활은 속사람을 자라게 하기 위하여 힘쓰는 생활이어야 합니다. 바울 선생은 고린도후서 4장 16~18절에 이같이 말씀하셨습니다.

"그러므로 우리가 낙심하지 아니하노니 우리의 겉사람은 낡아지나 우리의 속사람은 날로 새로워지도다 우리가 잠시 받는 환난의 경한 것이 지극히 크고 영원한 영광의 중한 것을 우리에게 이루게 함이니 우리가 주목하는 것은 보이는 것이 아니요 보이지 않는 것이니 보이는 것은 잠깐이요 보이지 않는 것은 영원함이라" 고후 4:16~18

보이지 않는 속사람은 영원히 살 사람이요, 영원히 살 속사람은 이 땅에서 주의 말씀을 먹고, 말씀의 가르치심을 실천하며, 말씀을 전달하고, 깊은 기도를 통해서 성장하게 됩니다. 이 땅에서 속사람이 얼마만큼 성장하느냐에 따라 천국에 들어가 누리게 되는 영광이 달라집니다. 어떤 사람은 해의 영광을 누리고, 또 다른 사람은 달의 영광을 누리며, 별의 영광을 누리는 사람도 있을 것입니다.

사랑하는 성도 여러분, 우리의 겉사람은 세월이 흘러가면 추하여지고 더러워지고 썩어지고 한 줌의 흙으로 사라져 버립니다. 겉사람은 썩어지나 속사람은 날로 새로웠다가 주님의 나라에 들어가 눈물과 근심과 죽음과 앓는 것과 애통하는 것과 곡하는 것이 없이 영원히 살 것입니다. 겉사람은 늙어도 속사람은 늙지 않습니다. 겉사람은 나이를 먹어도 속사람은 나이를 먹지 않습니다. 그러므로 여러분은 말씀을 묵상하고 말씀을 실천하며, 말씀을 남에게 나눠주고 기도의 생활을 하되 방언 기도로 하나님과 깊은 교제를 함으로써 속사람이 날로 성장하게 되시기를 주님의 이름으로 축원합니다.

6장

성령으로 인도함을 받는 자

"무릇 하나님의 영으로 인도함을 받는 사람은 곧 하나님의 아들이라
너희는 다시 무서워하는 종의 영을 받지 아니하고
양자의 영을 받았으므로 우리가 아빠 아버지라고 부르짖느니라
성령이 친히 우리의 영과 더불어 우리가 하나님의 자녀인 것을 증언하시나니"

롬 8:14~16

01_ 성령님의 인도
02_ 성령님의 외적 증거를 구하라
03_ 하나님의 말씀과 비교하라
04_ 평안의 심판관에게 물어보라
05_ 성령의 인도함 받기

하나님을 믿는 사람들은 그 생활 속에 필연적으로 하나님의 뜻을 알고 받들어 섬기고 싶은 간절한 소원이 있습니다. 로마서 12장 2절에 보면 하나님께서 이와 같이 명령하고 계심을 볼 수 있습니다.

"너희는 이 세대를 본받지 말고 오직 마음을 새롭게 함으로 변화를 받아 하나님의 선하시고 기뻐하시고 온전하신 뜻이 무엇인지 분별하도록 하라" 롬 12:2

6장 성령으로 인도함을 받는 자

또 에베소서 5장 17절에도 "그러므로 어리석은 자가 되지 말고 오직 주의 뜻이 무엇인가 이해하라"엡 5:17고 하시면서 주의 뜻을 알지 못하고 우왕좌왕하는 사람들을 어리석은 사람이라고 하셨습니다.

그러면 우리가 하나님의 뜻을 분명히 알고 성령님의 인도를 받을 수 있도록 하기 위해서는 어떻게 해야 할까요?

하나님의 뜻에는 이미 성경에 계시된 일반적인 뜻이 있습니다. 이 같은 일반적인 뜻은 우리가 성경을 읽고 공부함으로 밝히 알 수 있고 깨달을 수 있으므로 하나님의 뜻을 알기 위해 그리 염려하지 않아도 됩니다. 그러나 우리 개개인의 특수한 생활에 대한 하나님의 뜻은 성령님의 인도하심을 받지 않으면 알 수 없습니다.

그러나 여러분은 성령님의 인도를 받는 길을 알지 못하고, 성령님께서 인도해 주셔도 그것이 성령님의 인도인지 아닌지를 구별하지 못하여 성령님의 인도가 무효가 되도록 할 때가 가끔 있습니다.

이제 여러분에게 특수한 생활에서 어떻게 하면 성령님의 인도를 받을 수 있을까, 이 점에서 관해서 말씀드리겠습니다.

01.
성령님의 인도

어떤 유능한 사람이라도 자기의 지식을 다른 사람에게 가르쳐 주고자 할 때 가르침을 받는 사람의 마음에 배우겠다는 생각이 없다면 소기所期의 성과를 얻을 수가 없습니다. 마찬가지로 우리 스스로가 하나님의 성령의 인도함을 받겠다는 간절한 소원이 없으면 성령님의 인도를 받을 수 없습니다. 그러나 우리가 하나님의 뜻을 분명히 알고 그 뜻을 따라 살겠다고 마음에 작정을 하면 하나님의 성령께서 우리를 인도하기 시작합니다.

꿈이나 환상이나 음성 등을 통한 특별한 인도

 그러면 하나님께서는 어떤 방법으로 우리를 인도하실까요? 특별한 경우에는 하나님의 성령께서 꿈이나 환상이나 음성을 통해 여러분을 인도하십니다. 성경말씀 가운데 보면 예수 그리스도의 양부養父 요셉은 그의 약혼녀 마리아가 성령으로 말미암아 잉태한 사실을 꿈을 통해 계시 받았다고 기록되어 있습니다. 또 예수님이 세상에 태어나신 후 헤롯 왕이 그를 죽이려고 할 때 하나님께서 요셉의 꿈에 나타나셔서 애굽으로 피난 가라는 계시를 주셨습니다. 그리고 헤롯 왕이 죽은 뒤 이제는 고향 땅으로 돌아가도 괜찮다는 계시도 요셉은 꿈을 통해서 받았습니다.

 교회를 훼파하고 핍박하던 사울은 다메섹으로 가는 도중에 환상으로 그리스도를 만났습니다. 하늘에서 갑자기 햇빛보다 더 밝은 빛이 비춰고 "사울아, 사울아 네가 어찌하여 나를 핍박하느냐"라는 음성을 듣게 되었던 것입니다.

이와 같이 오늘날도 하나님의 성령께서는 꿈이나 환상이나 음성을 통해서 여러분을 인도하십니다. 그러나 하나님의 성령께서 모든 사람에게 똑같이 꿈이나 환상이나 음성을 통해서 인도하시지는 않습니다. 특별한 경우에만 꿈이나 환상이나 음성을 통해 계시해 주십니다.

"그러면 하나님의 성령께서 일반적으로는 우리를 어떻게 인도하실까요? 나같이 평범한 사람도 하나님의 성령께서 인도해 주실까요?"라고 질문하실 분도 계실 것입니다. 성경은 그 질문에 대해 분명히 말씀하고 계십니다.

> "하나님의 영으로 인도함을 받는 사람은 곧 하나님의 아들이라" 롬 8:14

오늘 예수를 구주로 모신 사람은 누구를 막론하고 그 속에 하나님의 성령이 와 계십니다. 성경은 '선지

자의 인도함을 받는 그들이 하나님의 아들'이라고 하지 않고, '성령으로 인도함을 받는 그들이 하나님의 아들'이라고 말씀하여 하나님의 아들이면 누구나 다 성령께서 공평하게 인도해 주실 것을 약속하고 있습니다. 하나님의 성령은 여러분의 영과 더불어 여러분을 인도하십니다. 이제 하나님의 성령께서 보편적이고 일반적으로 여러분을 인도하시는 증거를 말씀해 드리겠습니다.

보편적이고 일반적인 인도

하나님의 성령께서는 우리의 직감이나 예감이나 확신, 평안 등 내적 음성을 통해서도 우리를 인도해 주십니다. 성령께서 직감이나 예감이나 확신을 우리의 영에게 전달해 주면 우리의 영이 그것을 우리 마음에 전달해 줍니다. 여러분 가운데 새로운 일을 시작하기 전 기도를 한 다음 막 일을 하려고 할 때 좋지 않은 직감이나 예감을 느낀 적이 있을 것입니다.

그런데 그것을 제쳐놓고 인간의 이성이나 경험을 좇아서 일을 진행시켰다가 크게 낭패당한 경험을 한 사람이 많을 것입니다.

저는 신앙 상담을 하면서 자매님들로부터 다음과 같은 간증을 많이 들었습니다.

"목사님, 남편이 이 일을 하려고 할 때 예감이 좋지 않아 그만두라고 만류해도 여자가 남자 하는 일에 간섭하는 것이 아니라면서 화를 내므로 그냥 있었더니 결국 실패하고 말았습니다."

실패한 남자들마다 "그 때 아내가 아닌 내게 직감이 왔었으면 좋았었겠는데."라는 말을 합니다. 여러분, 직감이나 예감은 남자보다 여자들이 더 잘 받습니다.

저의 기억에서 잊히지 않는 경험 하나가 있습니다. 지금 중학교에 다니는 맏아들이 아주 어릴 때의 일입니다. 아침에 일어나서 내가 아들에게 털바지를 입히려고 하는데 집사람이 "여보, 그냥 입히지 말고 바지를 뒤집어서 무엇이 없나 살펴보고 입히세요."

하고 말합니다.

"아니, 입던 옷도 아니고 세탁해서 개어놓은 옷인데 무얼 뒤집어 봐?"

"아니에요, 예감이 이상하니 한 번 뒤집어 보세요."

개운하지가 않았지만 집사람 말대로 바지를 뒤집어서 살펴보니 엉덩이 부분에 이불 꾸미는 커다란 바늘이 꽂혀 있지 않겠습니까. 그대로 입었더라면 틀림없이 아들은 그 바늘에 찔렸을 것입니다. 하도 신기하여 집사람에게 "아니, 당신이 어떻게 알았지?" 하고 물으니까 집사람이, "여자들 속에는 위험을 예견하는 무엇이 있지요."라고 대답합니다. 성경에 보면 여자는 남자를 돕는 배필로 지었다고 기록하고 있습니다. 남자를 돕자면 직감과 예감이 빨라야 하기 때문에 남자보다 여자가 직감과 예감이 빠른 것 같습니다.

① 성령이 우리 영으로 더불어 주시는 증거

직감과 예감은 육체의 감각에서 나오는 것이 아니고 인간의 이성이나 지성에서 나오는 것도 아닙니다. 직감과 예감은 바로 우리의 영에서 나옵니다. 예수님을 믿지 않고 하나님과 교제가 끊어진 영에게도 어느 정도의 예감과 직감이 있습니다. 그러나 예수님을 믿고 성령님의 인도를 받는 사람들만큼 강력하게 직감과 예감을 느낄 수는 없습니다. 예수님을 구주로 믿고 죄를 회개한 사람 속에는 성령이 와 계시고, 여러분이 성령의 인도함을 받기를 원하여 기도할 때 성령께서 강력하게 직감과 예감을 통해 여러분을 인도해 주시는 것입니다. 그리고 좋은 일일 때는 마음에 확신과 평안이 넘치게 해 주시고 그렇지 않을 때는 마음속에 불안과 괴로움이 꽉 들어차게 해 주셔서 하나님의 뜻인지 아닌지를 구별할 수 있게 해주십니다.

이러므로 여러분들이 "이것이냐 저것이냐?"로 하나님께 기도할 때 영의 음성을 들으려면 마음속에 어떤 직감과 예감이 느껴지는지를 살펴보고 평안이 있는지를 알아보아야 할 것입니다. 하나님이 원하시고 일이 잘될 것 같으면 직감과 예감이 좋습니다. 마음에 확신이 오고 평안이 옵니다. 그러나 하나님께서 원하지 아니하시는 일이라면 여러분의 직감이나 예감이 좋지 않은 것을 느낄 것입니다. 그리고 무언지 모르게 마음이 불안하고 초조하며 확신이 없고 괴로움을 느낄 것입니다.

② 마음에 우러나는 소원

하나님의 성령께서는 직감이나 예감이나 확신, 평안을 통해 우리들을 인도하실 뿐만 아니라 우리 마음에 우러나는 소원을 통해 우리들을 인도하십니다. 환경적으로 보거나 인간의 이성이나 생각으로는 도저히 있을 수 없는 일인데 기도만 하면 마음속에 열화熱火 같은 소원이 일어날 때가 있습니다. 빌립보서 2장 13절에 보면 다음과 같이 기록하고 있습니다.

"너희 안에서 행하시는 이는 하나님이시니 자기의 기쁘신 뜻을 위하여 너희에게 소원을 두고 행하게 하시나니" 빌 2:13

하나님의 성령께서 우리 영에게 소원을 불어넣어 주시면 우리 마음에 전달되어 하나님의 뜻을 알게 되는 것입니다.

성령님의 인도를 받기 위해 기도하자

그러므로 우리는 직감이나 예감이나 확신이나 평안이나 마음에 일어나는 소원을 얻기 위해서 기도해야 합니다. 기도하지 않고 얻는 직감이나 예감이나 확신이나 평안이나 소원은 믿을 수 없습니다. 그러나 '이것이냐 저것이냐'를 결정해야 하는 목적을 가지고 주님의 뜻을 알기 위해 엎드려 기도하면 하나님의 성령이 우리의 영과 더불어 우리의 마음속에 역사하십니다. 고요한 시간에 우리가 하나님의 성령의 내적인 음성에 귀를 기울이면 성령께서는 우리의 영과 더불어 직감을 통하여, 예감을 통하여, 확신을 통하여, 평안을 통하여, 마음에 일어나는 소원을 통하여 우리에게 "이 길이다, 저 길이다." 분명하게 지시해 주십니다.

유명한 주의 종인 헤긴스 목사님이 이런 간증을 들려주었습니다. 그가 잘 아는 이름난 사업가가 있었습니다. 그 사업가는 텍사스 주 달라스 시에서 자랐는데 그의 어린 시절에 집안이 얼마나 가난했던지 14세가 될 때까지 신발을 신어 보지 못했고, 학교도 초등학교 5학년 때 중퇴를 했습니다. 미국에도 그렇게 가난한 사람이 있느냐고 반문하실 분이 계실 것입니다만 성경에 예수님께서 뭐라고 말씀하셨습니까?

"가난한 자들은 항상 너희와 함께 있거니와" 마 26:11

아무리 잘 사는 나라에도 가난한 사람은 있습니

다. 구라파에도 가 보면 지하철 입구에 바이올린을 켜면서 구걸하는 사람을 볼 수 있습니다. 이 사업가는 초등학교를 5학년까지만 다니고 14세까지 신발을 신어 보지 못할 만큼 가난하게 자랐지만 예수님을 믿는 신앙만은 부자였습니다. 그는 학교 공부를 많이 못했어도 하나님 말씀을 열심히 공부했고 하나님 말씀을 통하여 성령님의 인도를 받는 방법을 알았던 것입니다. 그는 성령님의 인도로 사업이 잘되어 1930년도에 백만장자가 되었고, 1940년에 이백만장자가 되었습니다. 그 당시 백만장자, 이백만장자라면 오늘날의 천만장자 이천만장자보다 더 돈이 많은 사람으로 인정받았습니다. 그는 새로운 사업에 투자해서 한 번도 손해 본 적이 없었고, 새로 계획한 일이 실패로 돌아간 적이 없었습니다. 어떤 사람이 어떻게 하여 사업이 날로 번창하게 되었느냐면서 그에게 묻자 그는 이같이 대답했다고 합니다.

"나는 내 방 옆에 기도실을 따로 만들어 놓고 중대

한 투자를 할 때마다 그 기도실에 들어가 금식하며 하나님께 기도하여 하나님께서 들려주시는 내적 음성에 귀를 기울였습니다. 하나님의 성령께서 내 마음속에 예감이나 직감이나 확신이나 평안과 소원을 통해 말씀해 주시면 그 말씀대로 행했습니다. 예를 들어 말씀드리면 어떤 사람이 내게 새로운 투자를 시도하라고 건의하면 나는 그 안건을 가지고 기도실로 갑니다. 인간의 이성적인 것, 인간의 경험을 젖혀 놓고 '하나님, 하나님께서 인도해 주시옵소서.' 하고 기도하여 직감이나 예감이 좋지 않거나 마음이 평안하지 않고 확신이 없으며 소원이 일어나지 않으면, 인간적인 생각으로 아무리 조건이 좋아도 투자할 수 없다는 말을 하고 투자를 하지 않습니다. 이러한 나를 보고 바보라고 말하는 사람도 있으나 시간이 지나고 보면 투자하지 않은 것이 정말 잘한 일인 경우가 한두 번이 아니었습니다.

반면 인간의 생각이나 경험으로는 도저히 승산이 없는 일이지만 기도실에 들어가 하나님 앞에 엎드려 기도한 결과 잘될 것 같은 예감이나 직감이 오고 마음에 확신이 오며 평안하고 소원이 뜨겁게 일어나면, 주위의 사람이 극구 반대해도 투자하여 크게 성공을 거두었습니다. 나는 언제나 기도하여 성령님의 음성을 듣고 성령님의 인도를 받았기 때문에 내가 손대는 일마다 성공을 했고 실패하지 않았던 것입니다."

나의 개인적인 신앙생활도 마찬가지였습니다. 옛날에는 나도 인간의 경험이나 지식을 의지할 때가 많았습니다. 그러나 20여 년의 목회생활을 통해 수많은 사람들과 문제 해결을 위해 기도한 결과 내 영혼에서 우러나오는 음성에 귀를 기울였을 때는 나중에 후회할 것이 없다는 결론을 얻었습니다. 내 영혼 속에서 들려오는 음성을 듣고도 인간의 체면, 환경 때문에 그것을 외면했을 때 쓰디쓴 체험만 했습니다.

사랑하는 성도 여러분, 하나님의 성령이 여러분의

영과 더불어 영감이나 예감, 직감, 확신, 평안, 소원으로 인도해 주시면 그 인도를 좇는 여러분 되시기를 주님의 이름으로 축원합니다.

02.
성령님의 외적 증거를 구하라

여러분의 마음속에 직감이나 예감, 확신이나 평안, 그리고 소원이 일어났을 때 시간의 여유가 없으면 그대로 따라가도 좋습니다. 그러나 시간적 여유가 있으면 기도하여 이번에는 외적 증거를 구하여야 합니다. 성경에 보면 언제나 두 사람 이상의 증거가 있어야 그 증거가 확실함을 인정받았습니다. 그러므로 내적 증거를 얻고 난 뒤 그 증거를 확실케 하는 외적 증거를 구하면 하나님께서 외적 증거도 주십니다.

엘리야와 손 만한 작은 구름

열왕기상 18장 41~46절에 보면 이같이 기록하고 있습니다.

"엘리야가 아합에게 이르되 올라가서 먹고 마시소서 큰 비 소리가 있나이다 아합이 먹고 마시러 올라가니라 엘리야가 갈멜 산 꼭대기로 올라가서 땅에 꿇어 엎드려 그의 얼굴을 무릎 사이에 넣고 그의 사환에게 이르되 올라가 바다쪽을 바라보라 그가 올라가 바라보고 말하되 아무것도 없나이다 이르되 일곱 번까지 다시 가라 일곱 번째 이르러서는 그가 말하되 바다에서 사람의 손 만한 작은 구름이 일어나나이다 이르되 올라가 아합에게 말하기를 비에 막히지 아니하도록 마차를 갖추고 내려가소서 하라 하니라 조금 후에 구름과 바람이 일어나서 하늘이 캄캄해지며 큰 비가 내리는지라 아합이 마차를 타고 이스르엘로 가니 야훼의 능력이 엘리야에게 임하매 그가 허리를 동이고 이스르엘로 들어가는 곳까지 아합 앞에서 달려갔더라"
왕상 18:41~46

이스라엘에 3년 6개월 동안 비가 내리지 않았습니다. 가뭄으로 온 천지가 타버렸습니다. 그런 때에 엘리야가 갈멜 산 위에서 바알 신 선지자들을 멸하고 이스라엘 백성들을 회개케 하여 주님께 돌아가게 한 다음, 엘리야는 그 자리에 참석한 아합 왕에게 큰 비의 소리가 들린다고 말했습니다. 그는 먼저 내적 계시를 받았습니다. 그는 영감을 통하여 마음속에 비가 온다는 계시를 받았던 것입니다. 그래서 아합 왕에게 "올라가 먹고 마시소서. 큰 비의 소리가 있나이다."라는 말씀을 드렸습니다. 그러나 그는 그 말씀을 드리는 것으로 끝내지 않았습니다.

엘리야는 곧장 갈멜 산꼭대기에 올라가서 땅에 꿇어 엎드려 얼굴을 두 무릎 사이에 넣고 사환에게 이르기를 "올라가 바다 편을 보라."고 했습니다. 그는 내적 증거를 얻은 다음 이같이 외적 증거를 구했습니다. 내적으로 큰 비가 온다는 계시를 받았지만 외적으로도 큰 비가 오는 증거를 찾았던 것입니다.

사환이 그의 말을 듣고 올라갔다가 내려와서 "아

무엇도 없나이다."라고 보고를 하자 엘리야는 또 가서 보고 오라고 했습니다. 사환이 갔다 와서 아무것도 없다고 했습니다. 엘리야는 증거를 얻을 때까지 계속 사환을 보냈습니다. 일곱 번째 올라갔다 온 사환에게서 사람의 손 만한 구름이 보인다는 말을 들었습니다. 그러자 엘리야는 사환으로 하여금 아합 왕에게 가서 "큰 비가 오니 곧 마차를 갖추고 이스르엘로 가소서"라는 말을 전하게 했습니다.

얼마 후 하늘이 먹장구름으로 가려지고 3년 6개월 동안 비가 내리지 않던 이스라엘에 장대같은 비가 쏟아지기 시작했습니다. 엘리야 같은 위대한 종도 마음속에 하나님의 계시를 받아 내적 증거를 갖추었지만 외적 증거를 구하여 증거를 확실케 했던 것입니다.

베드로와 그를 찾아온 두 사람

신약성서에 보면 베드로와 그를 찾아 온 두 사람

으로 말미암아 내적으로 뿐만 아니라 외적으로도 증거가 있었음이 기록되어 있습니다. 베드로가 욥바의 피장 시몬의 집에서 기도하고 있는데 환상이 나타났습니다. 그가 본 환상에 보자기 같은 것이 하늘에서 내려오기에 보니 그 안에 여러 가지 짐승과 새들이 있었습니다. 그리고 베드로에게 "잡아먹으라."는 음성이 들려왔습니다. 베드로는 "그럴 수 없습니다. 나는 지금까지 부정한 짐승을 먹은 적이 없습니다."라고 하자, 하나님께서 "내가 깨끗하다 한 것을 네가 부정하다는 말을 하지 말라."고 하셨습니다. 이런 일이 세 번 있을 다음 베드로는 환상에서 깨어났습니다. 환상에서 깨어난 베드로는 그 환상이 주는 의미를 생각했습니다. 내적으로 계시가 왔지만, 계시의 의미가 무엇인지 몰라 그 뜻을 생각하고 있을 때 외적 증거가 나타났습니다.

"베드로가 본 바 환상이 무슨 뜻인지 속으로 의아해하더니 마침 고넬료가 보낸 사람들이 시몬의 집을 찾

> 아 문 밖에 서서 불러 묻되 베드로라 하는 시몬이 여기 유숙하느냐 하거늘 베드로가 그 환상에 대하여 생각할 때에 성령께서 그에게 말씀하시되 두 사람이 너를 찾으니 일어나 내려가 의심하지 말고 함께 가라 내가 그들을 보내었느니라 하시니" 행 10:17~20

베드로는 하나님께로부터 이방인들을 부정하다고만 하지 말고 그들에게도 가서 복음을 전하라는 말씀을 환상을 통하여 내적 계시로 받았을 뿐만 아니라 고넬료 집에서 그를 찾아온 두 사람을 만남으로써 외적 증거도 얻었던 것입니다.

여러분들이 하나님의 성령의 인도를 받기 위해 시간을 내어 기도하면 내적으로 계시를 주시고 외적으로도 계시를 주셔서 그 증거를 확실케 하십니다. 그러므로 여러분이 기도하여 내적 증거를 얻었으면 외적 증거를 구하는 기도도 하십시오. 그러면 주님께서 외적 증거도 주실 것입니다.

03.
하나님의 말씀과 비교하라

이사야 8장 19~20절에 보면 이같이 말씀하고 있습니다.

> "어떤 사람이 너희에게 말하기를 주절거리며 속살거리는 신접한 자와 마술사에게 물으라 하거든 백성이 자기 하나님께 구할 것이 아니냐 산 자를 위하여 죽은 자에게 구하겠느냐 하라 마땅히 율법과 증거의 말씀을 따를지니 그들이 말하는 바가 이 말씀에 맞지 아니하면 그들이 정녕 아침 빛을 보지 못하고"
> 사 8:19~20

그러므로 여러분이 내적, 외적 증거를 받은 다음에는 그것이 하나님의 말씀에 어긋나지 않느냐, 어긋나느냐를 살펴보아야 합니다. 여러분이 영감을 얻어 내적 증거를 받고 외적 증거까지 얻으면 대부분의 계시가 하나님의 말씀과 어긋나지를 않습니다.

그러나 돌다리도 두드려 보고 건너면 더욱 안전한 것처럼 하나님의 말씀과 우리가 받은 계시를 비교해 보면 더욱 증거가 확실케 되는 것입니다.

04.
평안의 심판관에게 물어보라

여러분, 최후의 심판관은 마음의 평안입니다. 하나님께서 함께 계시는 곳에는 표면적으로 온 천지가 뒤엎어져도 마음속에 평안이 있습니다. 그러나 하나님께서 역사하지 않는 곳에는 겉으로는 고요해도 마음속에는 평안이 없고 불안과 공포가 소용돌이칩니다. 성경에 "주께서 심지가 견고한 자를 평강하고 평강하도록 지키시리니 이는 그가 주를 신뢰함이니이다"사 26:3라고 말씀하셨습니다. 이러므로 하나님께서는 우리의 발걸음을 평강에서 평강으로 이끌어 주시는 것입니다.

골로새서 3장 15절에도 다음과 같이 기록되어 있습니다.

"그리스도의 평강이 너희 마음을 주장하게 하라 너희는 평강을 위하여 한 몸으로 부르심을 받았나니 너희는 또한 감사하는 자가 되라" 골 3:15

이러므로 우리는 모든 일에 주의 평강이 임할 때까지 기다려야 합니다. 하나님의 평강이 없으면 어떠한 계시나 묵시도 아직 때가 오지 아니한 것입니다. 그 계시와 묵시가 하나님께서 여러분에게 주신 것이 틀림없을지라도 마음속에 평안이 오지 않았으면 아직 때가 오지 않은 것이므로 마음속에 평안이 넘칠 때까지 움직이지 말고 기다려야 합니다.

빌립보서 4장 6~7절에도 이같이 말씀하셨습니다.

"아무 것도 염려하지 말고 다만 모든 일에 기도와 간구로, 너희 구할 것을 감사함으로 하나님께 아뢰라

> 그리하면 모든 지각에 뛰어난 하나님의 평강이 그리스도 예수 안에서 너희 마음과 생각을 지키시리라"
> 빌 4:6~7

그러므로 최종적인 심판관은 마음의 평안입니다. 여러분이 내적, 외적 증거를 통하여 계시를 얻고 이를 하나님 말씀에 비교하여 어긋나지 않으면 마지막으로 기도하여 마음의 평안을 구하여야 합니다. 여러분의 마음속에 염려, 근심, 불안, 초조, 공포가 다 사라지고 맑은 가을 하늘처럼 평안이 넘쳐 나오면 그때는 하나님께서 파란 불을 켜 놓은 것이므로 즉각 앞으로 전진하면 됩니다. 여러분의 마음속에 임하는 평안은 하나님께서 "네가 원하던 대로 앞으로 나아가라. 내가 너와 함께 한다."고 말씀하시는 증거이기 때문입니다.

05.
성령의 인도함 받기

하나님의 자녀이면 누구나 다 그 영 속에 성령님을 모시고 있습니다. 그리고 모든 것을 아시는 성령님께서는 그의 자녀들의 유익을 위하여 반드시 인도하시기를 원하고 계십니다. 우리들이 항상 모든 것을 아시는 성령님의 인도를 구하였으면 수없이 당한 가슴 아픈 실패를 겪지 아니 했을 것입니다.

여러분이 하나님의 아들로서의 축복을 누리려면 성령님의 인도받기를 간절히 구해야만 됩니다. 여러분이 성령님의 인도받기를 구할 때 하나님의 성령께서 여러분의 영을 통하여 직감이나 예감이나 확신으로 여러분의 마음속에 다가옵니다. 그리고 마음속에 소원이 불같이 일어나게 하십니다. 여러분의 기도로 마음속에 직감이나 예감이 오고 소원이 뜨겁게 일어나면 성령님의 외부적인 환경에서 그 계시를 증거해 주시기를 구하십시오. 그리하여 외부적인 증거가

오면 그 계시와 하나님의 말씀과 어긋나지 않은지를 비교해 봐야 할 것입니다.

하나님의 말씀과 어긋나지 않은지를 비교해 봐야 할 것입니다. 하나님의 말씀에 비춰볼 때 어긋나지 않으면 다시 기도하여 마음이 평안한지를 살펴봐야 합니다. 기도할수록 마음이 평안하면 그 때는 서슴지 말고 일어나서 눈에는 아무 증거 아니 보이고, 귀에는 아무 소리 아니 들리고 손에 잡히는 것 없어도 출발하십시오. 그러한 여러분을 보고 온 세상 사람들이 다 잘못되었다고 말할지라도 두려워하지 마십시오. 얼마 있지 않아 여러분의 선택이 옳았다는 것이 드러나기 때문입니다.

이러므로 예수님을 믿고 기도하는 사람은 신념 있는 삶을 살아갈 수 있습니다. 이 사람이 이렇게 말하면 이리 기울어지고, 저 사람이 저렇게 말하면 저리 기울어지고 갈피를 잡지 못하는 그러한 행위는 하지 않습니다. 우리는 기도함으로 말미암아 위에서 들려오는 하나님의 음성을 받아들여서 하나님의 지혜와 하나님의 지식과 하나님의 판단력으로 이 세상 모든 일에 승리할 수 있습니다.

인간이 얻을 수 있는 가장 위대한 지혜는 밖에서 얻는 지혜가 아니가 속에서 우러나오는 음성입니다. 여러분의 생애 가운데서 속에서 우러나오는 음성, 직감이나 예감을 그대로 받아들여 그대로 실천했더라면 피눈물 흘리는 것을 피하고 성공을 거둘 수 있었을 것입니다. 그럼에도 불구하고 속에서 들려오는 음성을 외면하고 인간의 경험과 지식을 좇아 행하다가 낭패와 실망을 당하는 쓰디쓴 체험을 한 적이 한두 번이 아닐 것입니다. 오늘 이 시간 이후부터는 한 사람도 남김없이 여러분 모두가 다 성령님의 인도함을 받게 되시기를 주님의 이름으로 축원합니다.

여러분들이 성령님의 인도함 받기를 원하시면 여러분이 집을 사는 것이나, 이민 가는 것이나, 새로이 시작하는 사업에 하나님이 여러분과 함께 역사하사 그 따르는 표적으로 말씀을 확실히 증거해 주십니다. 하나님은 실패한 적이 없습니다. 그러므로 하나님과 한 팀이 되어서 성령님의 인도를 좇아 일하는 사람은 낭패와 실망을 당할 리가 없습니다. 예수님을 믿고 하나님을 잘 섬긴다고 할지라도 성령님의 인도를 받아야 비로소 하나님과 함께 인생을 동업할 수 있게 되는 것입니다.